¡Felicitaciones, has ganado un libro maravilloso!

Recibí este diario de:

(Puedes escribir tu nombre, ¡mereces recibir regalos de vez en cuando!)

EL DIARIO MÁS COOL DEL MUNDO

GRUPO NELSON
Una división de Thomas Nelson Publishers
Desde 1798

NASHVILLE MÉXICO DF. RÍO DE JANEIRO

EL DIARIO MÁS COOL DEL MUNDO

POR: ______________________

PUBLICADO EN NASHVILLE, TENNESSEE, ESTADOS UNIDOS DE AMÉRICA.
GRUPO NELSON ES UNA MARCA REGISTRADA DE THOMAS NELSON.
WWW.GRUPONELSON.COM

TÍTULO EN PORTUGUÉS: *O DIARIO MAIS LEGAL DO MUNDO*

THOMAS NELSON BRASIL
THOMAS NELSON BRASIL, ES UNA MARCA REGISTRADA
DE À VIDA MELHOR, S.A.

Editora en Jefe: *Graciela Lelli*
Traducción: *Terry McDowell*
Adaptación del diseño al español: *Mauricio Diaz*

ISBN: 978-1-40021-836-3

Impreso en Estados Unidos de América
19 20 21 22 23 LSC 9 8 7 6 5 4 3 2 1

Instrucciones (cómo usar este diario)

Composición:

Papel..200gr
Tinta...50gr
Buen humor...................................50gr
Inteligencia.................................3mg

Instrucciones:

No tengas miedo de escribir lo que realmente sientes. Haz el número de páginas que desees al mismo tiempo y en el orden que desees —de atrás hacia adelante, de adelante hacia atrás. Puede ser una página a la vez o varias páginas al mismo tiempo. Puedes empezar por donde quieras.

Contraindicaciones:

No lo dejes en cualquier lugar, este diario es muy deseado.
No lo alimentes después de la medianoche.
Evita mojarlo, arrugarlo, ensuciarlo o destruirlo en términos generales.

Dosis:

Completa al menos una página al día, cada 24 horas. No interrumpas el tratamiento sin consultar a tu médico.

¡VAMOS A EMPEZAR! ¿QUÉ DÍA ES HOY?

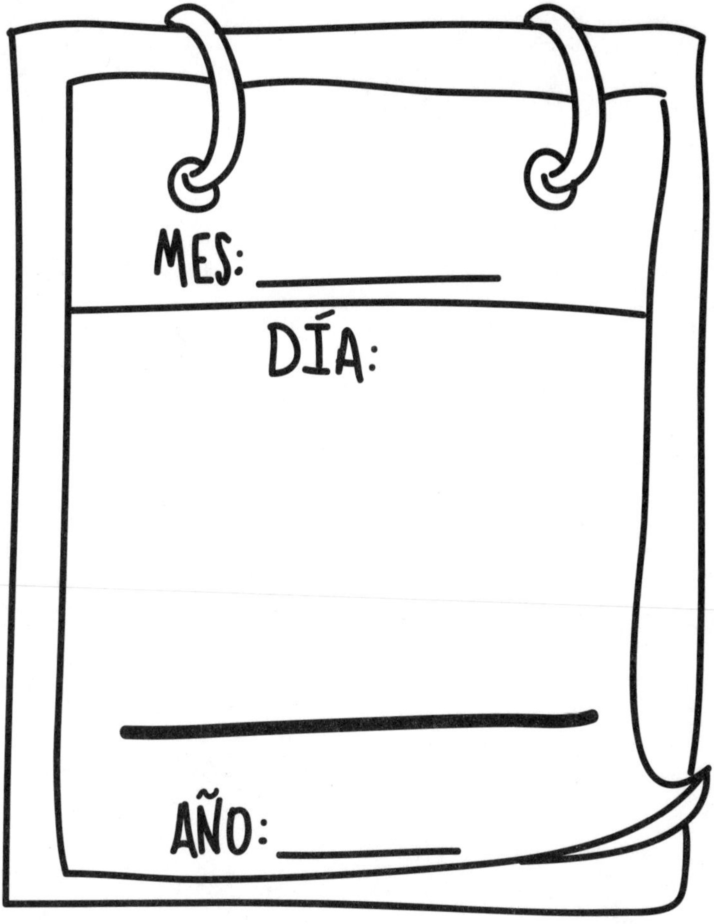

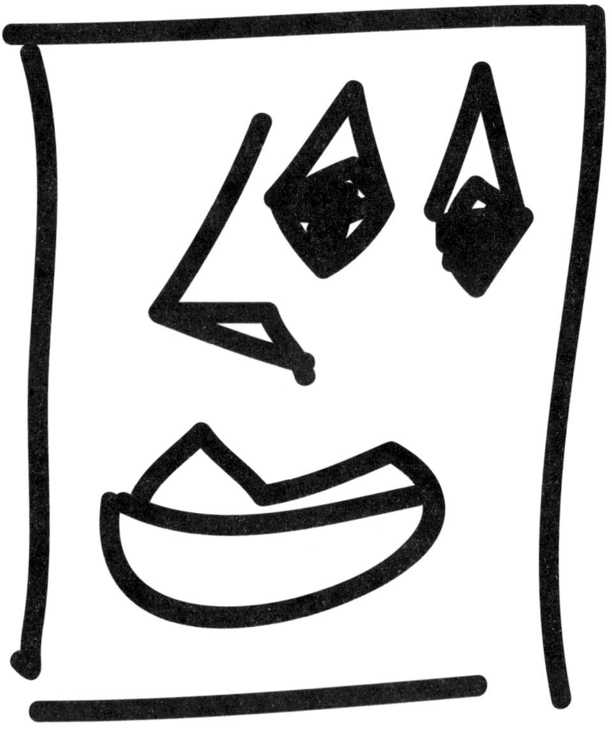

¿Cómo estuvo tu día?*

Excelente (ve a la página 16)
Horrible (ve a la página 26)
Más o menos (ve hasta la página 15)
El peor de todos los momentos (directo a la página 25)
¡Terminó demasiado rápido! (ve a la página 30)

*Elige una de estas opciones o simplemente pasa la página. Luego vuelve aquí o sigue adelante. ¡Tú decides!

¿Cuál es tu versículo favorito?

Utiliza letra bonita para copiarlo aquí arriba.

Haz un dibujo*

Para acompañarlo

(Te ayudará decorarlo)

*Puede ser un diseño de corazones, así:

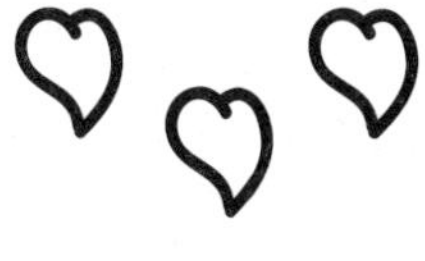

Toma una foto y publícala con la etiqueta

#eldiariomascooldelmundo

1.

2.

3.

4.

5.

Utiliza esta lista para anotar las cinco últimas cosas que le pediste a Dios.

¿Cuáles fueron tus últimas oraciones contestadas?

1. Ganarme este libro.
2.
3.
4.
5.
6.
7.
8.
9.
10.

Es importante recordar esto. ¡Cuenta tus bendiciones!

Deja esta página para llenarla cuando tengas un buen día. Recuerda un día difícil que hayas tenido recientemente. ¿Cómo te sentiste?

Ahora, aprovecha que hoy fue un día excelente y escribe en la página siguiente un mensaje para cuando tengas un mal día.

TODO VA A SALIR BIEN*

* RECUERDA QUE TÚ TAMBIÉN TIENES DÍAS BUENOS. LOS DÍAS MALOS QUEDARÁN ATRÁS. PUEDES PASAR LA PÁGINA.

¿Cuáles de estos dones crees que tienes?

- Palabra de sabiduría
- Hospitalidad
- Palabra de conocimiento
- Comunicación
- Fe
- Caridad
- Generosidad

(Tú puedes escoger más de uno)

DIBUJA UN AUTORRETRATO

(PUEDE SER ALGO CUBISTA, COMO DE PICASSO)

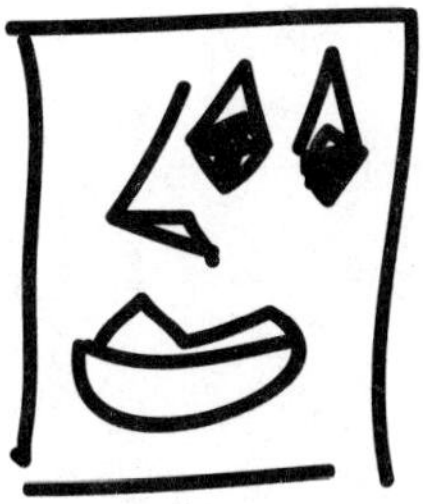

¿QUÉ OTRAS COSAS CREES QUE DIOS TE DIO?

- ☐ Mi inteligencia
- ☐ Mi manera simpática de ser
- ☐ Mi carisma
- ☐ Mi personalidad maravillosa
- ☐ ¡Vaya! El hecho de ser una buena persona
- ☐ Mi humildad (modestia aparte)
- ☐ Pues, creo que Él incluyó un toque de belleza
- ☐ Mi risa contagiosa (puedes ser sincero, nadie te va a juzgar)
- ☐ Mi optimismo
- ☐ Mi voluntad de ayudar a los demás
- ☐ Todas las anteriores

~~Escribe aquí algo~~

~~que te gustaría cambiar~~

~~de tu apariencia~~

¡Te pillé! Dios te hizo así por un motivo
y te ama de esa manera. ¿Qué tal comenzar
a amarte a ti mism@ también?

Vamos a intentarlo de nuevo. ¿Qué te gusta más de ti y no lo cambiarías de ninguna manera?

1. Buen humor
2.
3.
4.
5.
6. Sé contar bien, considerando que soy un diario
7.
8.
9.
10.
11.

AHORA ESCRIBE
AQUÍ UN PECADO
QUE SOLO DIOS
SABRÍA.

JESÚS MURIÓ EN LA CRUZ POR TUS PECADOS. YA HAS SIDO PERDONADO. ¿NO ES MARAVILLOSO?

Versículo más corto vs. versículo más largo:*

Jesús lloró

De inmediato fueron convocados los secretarios del rey. Era el día veintitrés del mes tercero, el mes de Siván. Se escribió todo lo que Mardoqueo ordenó a los judíos y a los sátrapas, intendentes y funcionarios de las ciento veintisiete provincias que se extendían desde la India hasta Cus. Esas órdenes se promulgaron en la escritura de cada provincia y en el idioma de cada pueblo, y también en la escritura e idioma propios de los judíos.

* Todo es cuestión de perspectiva

Estas son algunas cosas por las que puedes agradecer:

- La comida de tu madre o abuela
- Tus mejores amigos
- El olor de la lluvia o del césped recién cortado
- ¡Dormir! (Si no puedes dar gracias por esto, tal vez sea el momento de tomar una siesta...)
- Tus padres
- Tus hermanos (Oye, vale la pena agradecer por ellos aunque sean aburridos)
- Tu iglesia
- Tu familia
- Tus oraciones contestadas
- Haber conseguido ________________________________

Vuelve aquí cuando tengas un mal día. ¡Te ayudará a tener perspectiva!

¿Ya pasaste por aquí? ¡Ve a la página 57! Si no, se trata de continuar simplemente en la siguiente página

¿CUÁL ES TU CANCIÓN FAVORITA? ESCRIBE EL CORO AQUÍ:

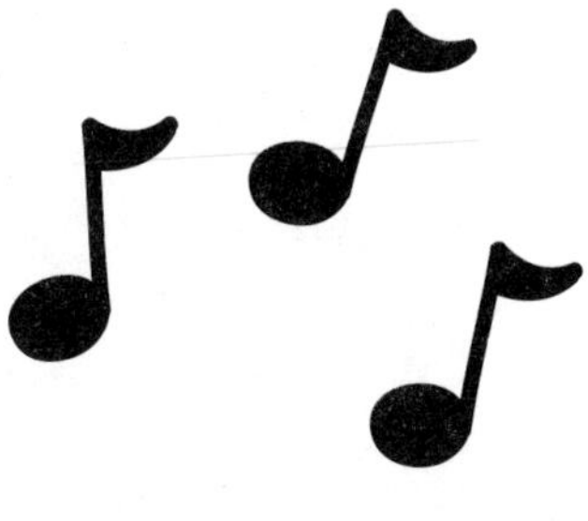

Ahora crea una coreografía para ella y anota los pasos:

1. Levantar las manos*
2.
3.
4.
5.

*(¡Este es el único paso que sé hacer, no se lo digas a nadie!)

¿Ya diste las gracias hoy?

- ☐ Sí, claro
- ☐ Todavía no
- ☐ Era la próxima cosa que iba a hacer
- ☐ ¡Gracias por recordármelo!

Un desafío: habla de Jesús con una persona desconocida. Escribe el nombre de la persona aquí.

____

Fecha: ___/___/___

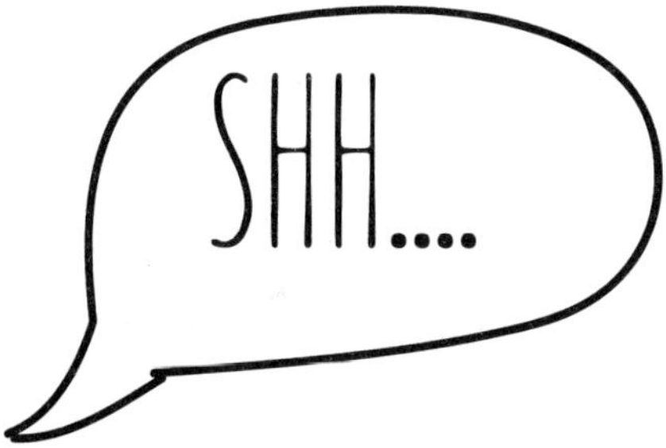

¿PUEDES
PERMANECER 4 MINUTOS
EN SILENCIO?
¡COMIENZA AHORA!

Dibuja tu casa del futuro

(¡No te olvides de las puertas!)

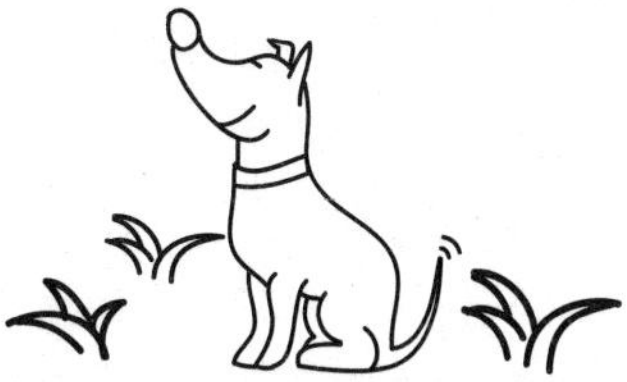

¡DEJA ESPACIO PARA EL PATIO TRASERO!

Escribe 5 cosas que esperas que sucedan el próximo año

1.

2.

3.

4.

5.

¿Ya se las pediste a Dios?

Una aventura: abre la Biblia en una página al azar, cierra los ojos y señala un versículo. Anótalo aquí:

____

____

________________ ____ : ____

«Porque donde dos o tres se reúnen en mi nombre, allí estoy yo en medio de ellos». (Mateo 18.20)

¿Quiénes son tus 2 o 3 compañeros de oración?

Pide a 2 o 3 de tus compañeros que escriban una oración por tu vida.

EN VEZ DE PEDIR QUE DIOS TE AYUDE,
ORA POR OTRA PERSONA HOY.
¿POR QUIÉN ORASTE?

RECIBIÓ UNA ORACIÓN A SU FAVOR

Debes tener por lo menos un(a) amig@ así. Escribe el nombre de la persona a quien corresponde la descripción:

____
Bonit@

____
Sabe más versículos de memoria

____
Siempre está de buen humor

____
Siempre me ama

____
Canta muy bien

____
Compañer@ de oración

HACE YA 40 PÁGINAS QUE ESTÁS AQUÍ. OTRAS VECES QUE ESE NÚMERO FUE IMPORTANTE:

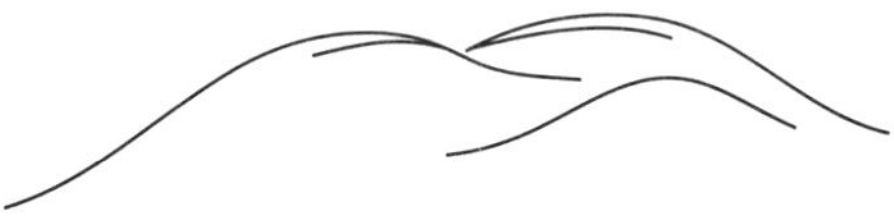

JESÚS PASÓ 40 DÍAS Y 40 NOCHES EN EL DESIERTO

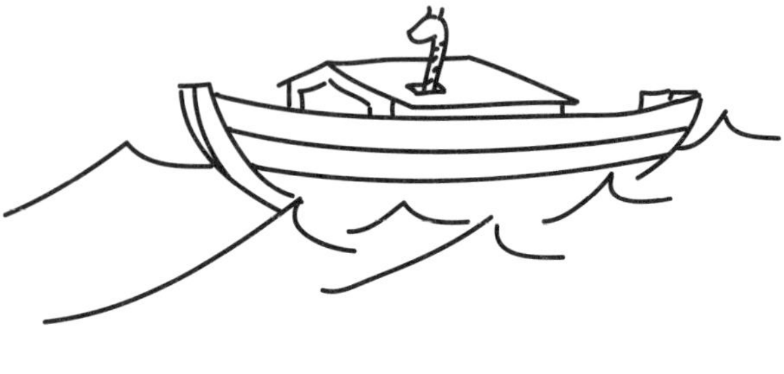

40 DÍAS Y 40 NOCHES DE LLUVIA PARA NOÉ

Vamos a repetir juntos:

Todo lo puedo en Cristo que me fortalece

Todo lo puedo en Cristo que me fortalece

Todo lo puedo en Cristo que me fortalece

Todo lo puedo en Cristo que me fortalece

Todo todo lo puedo en Cristo

Todo lo puedo que me fortalece

En Cristo que me fortalece

Todo lo puedo en Cristo que me fortalece

Todo lo puedo en Cristo que me fortalece

Todo lo puedo en Cristo que me fortalece

Filipenses 4.13

¿CUÁNTOS AÑOS TIENES HOY?

(¡GUAU, NI PARECE!)

Cómo pasa el tiempo de rápido...

Hace 1 año, ¿qué creías que ya habrías hecho? Tacha lo que hayas completado.

1. ~~Comenzar a escribir un libro~~
2.
3.
4.
5.

¿Y DENTRO DE 6 MESES?

¿CÓMO CREES QUE VA
A SER TU VIDA CUANDO
LLEGUES ALLÁ?

1. ¡FELIZ, YA HABRÉ TERMINADO DE LLENAR ESTE LIBRO!
2.
3.
4.
5.

¿Y DENTRO DE UN AÑO? ¿CUÁNTOS AÑOS TENDRÁS?

(MATEMÁTICA BÁSICA)

¿CUÁLES SON TUS METAS PARA EL PRÓXIMO AÑO? ¡LUEGO VUELVE AQUÍ PARA TACHAR LO QUE HAYAS LOGRADO!

1. ~~HACER UNA FIESTA DE CUMPLEAÑOS GENIAL (VER P. 174)~~
2.
3.
4.
5.

¿CÓMO TE DESCRIBIRÍAN TUS AMIGOS? PÍDELE A UNO DE TUS MEJORES AMIGOS QUE ESCRIBA AQUÍ.

Ahora dibuja al amig@ que te ha descrito. ¡Puedes ser cubista de nuevo! Toma una foto y compártela usando la etiqueta #eldiaromascooldelmundo

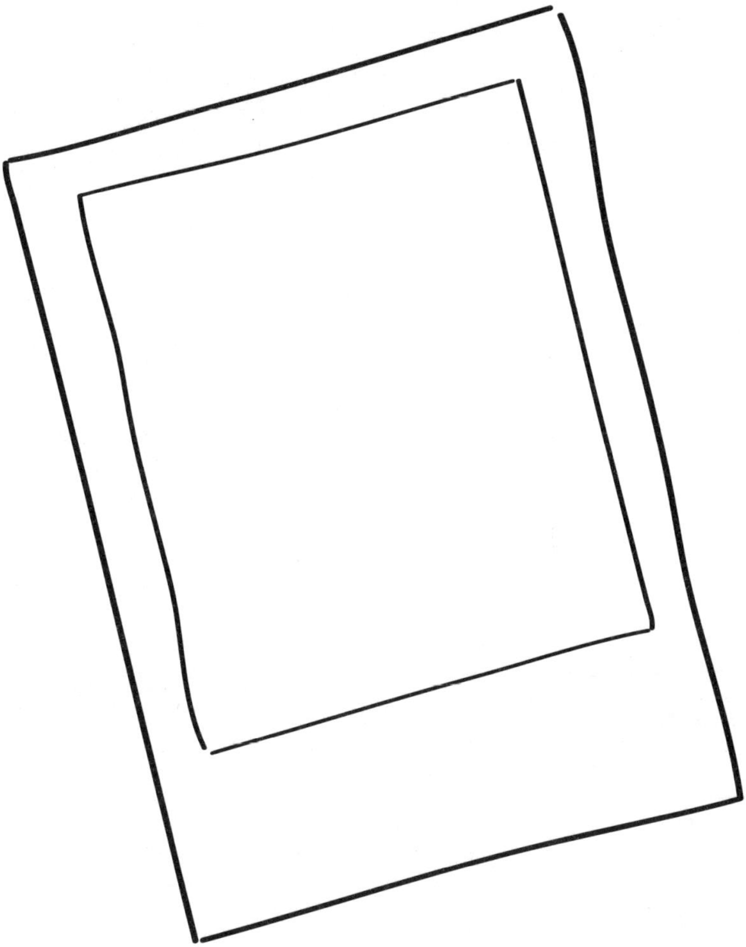

¿QUÉ DESEAS PARA ESA PERSONA? APARTA UN MOMENTO PARA ORAR POR ES@ AMIG@.

¿CUÁL ES TU SUEÑO MÁS GRANDE?

«Porque yo sé muy bien los planes que tengo para ustedes —afirma el Señor—, planes de bienestar y no de calamidad, a fin de darles un futuro y una esperanza».

(Jeremías 29.11)

Cosas por las cuales estoy orando hoy:

- Sacar una buena calificación en el examen
- Salud para mi familia y mis amigos
- Poder hacer ese viaje
- Tener un buen día
- Armarme de valor para hablar con ____________

ESCRIBE AQUÍ ESE VERSÍCULO QUE SIEMPRE TE DA FUERZAS. SI NO RECUERDAS NINGUNO, ¿QUÉ TAL SI VUELVES A LA PÁGINA 52? RECUERDA QUE TODO ESTÁ EN LOS PLANES DE DIOS.

Cuando necesites, pide simplemente:

Jesús, cuídame.

¿QUÉ PALABRA TE DESCRIBE MEJOR EN ESTE MOMENTO?

OPTIMISMO

¿YA COMPLETASTE LA PÁGINA 16? DESPUÉS PASA DIRECTAMENTE A LA 57

HAMBRE

COME UN REFRIGERIO DESPUÉS DE LLENAR LA PÁGINA 68

ALEGRÍA

VUELVE A LA PÁGINA 27

INDIFERENCIA

LEE LO QUE ESCRIBISTE EN LA PÁGINA 17 O VE A LA 26 NUEVAMENTE

¿YA DISTE LAS GRACIAS HOY?*

SÍ, CLARO ☐

TODAVÍA NO ☐

ERA LA PRÓXIMA COSA QUE IBA A HACER ☐

¡GRACIAS POR RECORDÁRMELO! ☐

*NECESITO PREGUNTAR DE NUEVO. ¡ESTOY AQUÍ PARA ESO!

Escribe una carta o mensaje a esa persona que te ayudó sin saberlo. Utiliza la página de al lado.

Querid@ ___________,

gracias por tu sonrisa aquel día, realmente me alegró el día.

Besos,

Diario <3

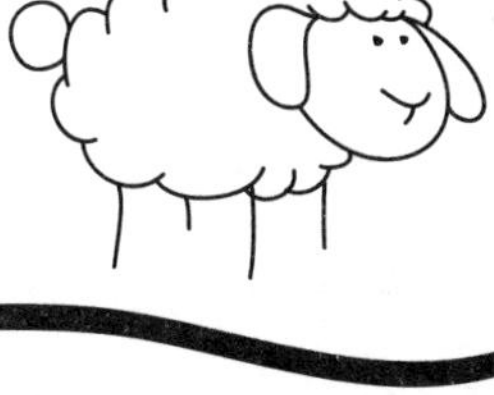

¿QUÉ TE PREGUNTARÍAS A TI MISM@
SI TE FUERAS A ENTREVISTAR?
¿QUÉ TIPO DE FOTOS ACOMPAÑARÍAN ESTE ARTÍCULO?

¡EXTRA! ¡EXTRA! ¡EXTRA!

(TU DIBUJO AQUÍ)

ARRANCA ESTA PÁGINA Y GUÁRDALA EN TU BOLSO

CORTA AQUÍ

DOBLA AQUÍ

PARA UN MAL DÍA

El Señor mismo marchará al frente de ti y estará contigo; nunca te dejará ni te abandonará. No temas ni te desanimes.

Deuteronomio 31.8

¿CUÁL ES EL MEJOR CONSEJO QUE TE HA DADO ALGUIEN?

Escribe un consejo para ti mism@

Querido futuro yo:

Por favor, recuerda contar hasta 10 antes de enojarte y también recuerda ____________________

____

____

¡NO HAY NADIE EN EL MUNDO COMO TÚ! ¿HAS PENSADO EN ESO?

¿CÓMO VA A SER TU SEMANA?

DOMINGO

IGLESIA

LUNES

MARTES

MIÉRCOLES

JUEVES

VIERNES

(PIZZA)

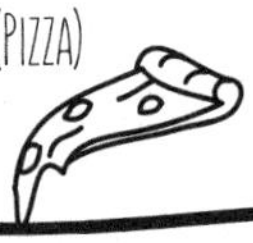

SÁBADO

Escribe un e-mail a Dios:

Nuevo e-mail

De:
Para: Dios
CC:

Asunto: Gracias

Enviar

(No es necesario enviarlo, Él ya lo sabe)

¿CUÁLES SON TUS COMIDAS PREFERIDAS?

- ______________________________
- ______________________________
- ______________________________
- ______________________________

*¡DIBUJA UN ASTERISCO AL LADO DE LAS QUE SABES PREPARAR SOL@!

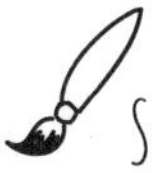 SÉ DIBUJAR MUY BIEN

tengo letra bonita

TENGO TALENTO EN LA COCINA 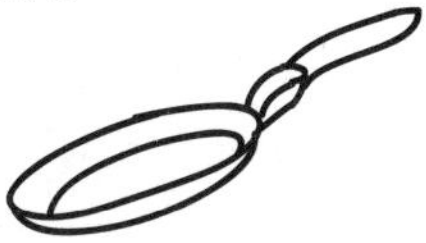

¡UTILIZA ESTA PÁGINA PARA ANOTAR LAS COSAS QUE MÁS TE GUSTAN DE TI!

- [ ] Ayudar con la alabanza
- [ ] Ir a la escuela dominical
- [ ] Cantar tu alabanza preferida
- [ ] ____________________
- [ ] ____________________
- [ ] ____________________

(Lista de cosas para hacer en la iglesia)

COMPARTE EN LAS REDES SOCIALES UNA FRASE PARA ANIMAR A ALGUIEN QUE ESTÁ TENIENDO UN MAL DÍA.

UTILIZA LA ETIQUETA #ELDIARIOMASCOOLDELMUNDO

Intenta recordar la **música** que tienes en tu cabeza. Escribe la melodía aquí o pídele ayuda a alguien si lo necesitas.

Larala lara laralalara laraaaa

¡PEGA UNA FOTO GENIAL AQUÍ!

(¡ES PARA LA POSTERIDAD!)

Pasa 11 páginas

hacia adelante.

Luego retrocede 10 páginas.

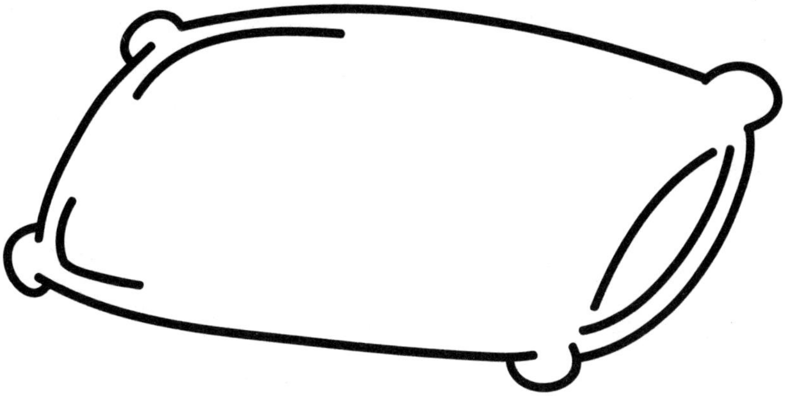

En paz me acuesto y me duermo, porque solo tú, Señor, me haces descansar y sentirme seguro.

¿YA USASTE EL CÓDIGO MORSE?

AQUÍ ESTÁ EL ALFABETO:

A ● ▬
B ▬ ● ● ●
C ▬ ● ▬ ●
D ▬ ● ●
E ●
F ● ● ▬ ●
G ▬ ▬ ●
H ● ● ● ●
I ● ●

J ● ▬ ▬ ▬
K ▬ ● ▬
L ● ▬ ● ●
M ▬ ▬
N ▬ ●
O ▬ ▬ ▬
P ● ▬ ▬ ●
Q ▬ ▬ ● ▬
R ● ▬ ●

S ● ● ●
T ▬
U ● ● ▬
V ● ● ● ▬
W ● ▬ ▬
X ▬ ● ● ▬
Y ▬ ● ▬ ▬
Z ▬ ▬ ● ●

•––– • ••• ••– •••

– •

•– –– •–

Utiliza el código Morse para interpretar este mensaje

Ahora escribe tu
mensaje en código morse.
Desafía a tus amigos
a interpretarlo.

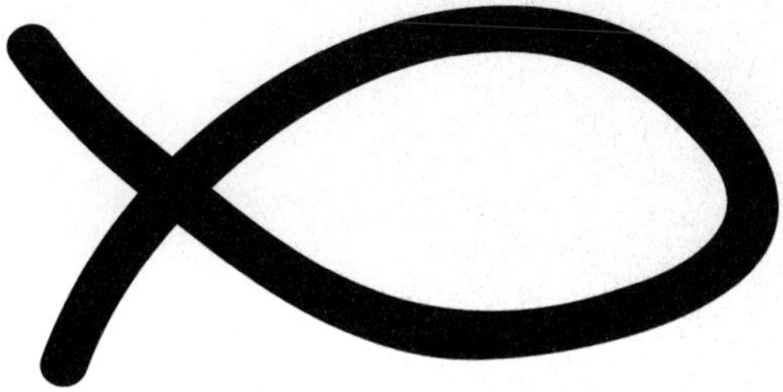

CORTA ESTA PÁGINA EN LAS LÍNEAS INDICADAS. DÁSELA A ALGUIEN CON QUIEN TE GUSTARÍA HABLAR ACERCA DE JESÚS.

¡Hola! Este mensaje viene de Alguien que te quiere mucho.

Jesús te ama. ¿Ya lo has aceptado en tu corazón?

HOY ME DESPERTÉ PENSANDO EN . . .

. . . COMIDA

. . . ¡DAR LAS GRACIAS!

. . . TRABAJO

. . .

¿CUÁNDO FUE LA ÚLTIMA VEZ QUE FUISTE AL CINE?

PEGA EL BOLETO AQUÍ. *

*SI NO LO ENCUENTRAS, ES HORA DE IR DE NUEVO. ESTA VEZ, LLÉVAME CONTIGO. TOMA UNA FOTO Y COMPÁRTELA CON LA ETIQUETA #ELDIARIOMASCOOLDELMUNDO.

UN NUEVO DESAFÍO PARA TI:

DURANTE LOS PRÓXIMOS 7 DÍAS, ANOTA POR LO MENOS UNA COSA POR LA CUAL ESTÁS AGRADECID@. PUEDE SER ALGO PEQUEÑO COMO UN CHOCOLATE.

DÍA 1:

DÍA 2:

DÍA 3:

DÍA 4:

DÍA 5:

DÍA 6:

DÍA 7:

APUESTO QUE DURANTE ESOS 7 DÍAS TE SENTÍAS MÁS FELIZ CON TU VIDA. MUCHAS VECES OLVIDAMOS APRECIAR LAS COSAS BUENAS QUE DIOS NOS DA.

¿QUÉ TAL DESAFIAR A UN AMIGO Y DURANTE UN MES SER AGRADECIDO TODOS LOS DÍAS? HAZ UNAS PUBLICACIONES DANDO LAS GRACIAS Y UTILIZA LA ETIQUETA #30DIASAGRADECIENDO. ¿QUIÉN SABE SI ASÍ CONSEGUIMOS ESPARCIR MÁS ALEGRÍA POR AHÍ?

¿CUÁLES SON TUS LIBROS PREFERIDOS?

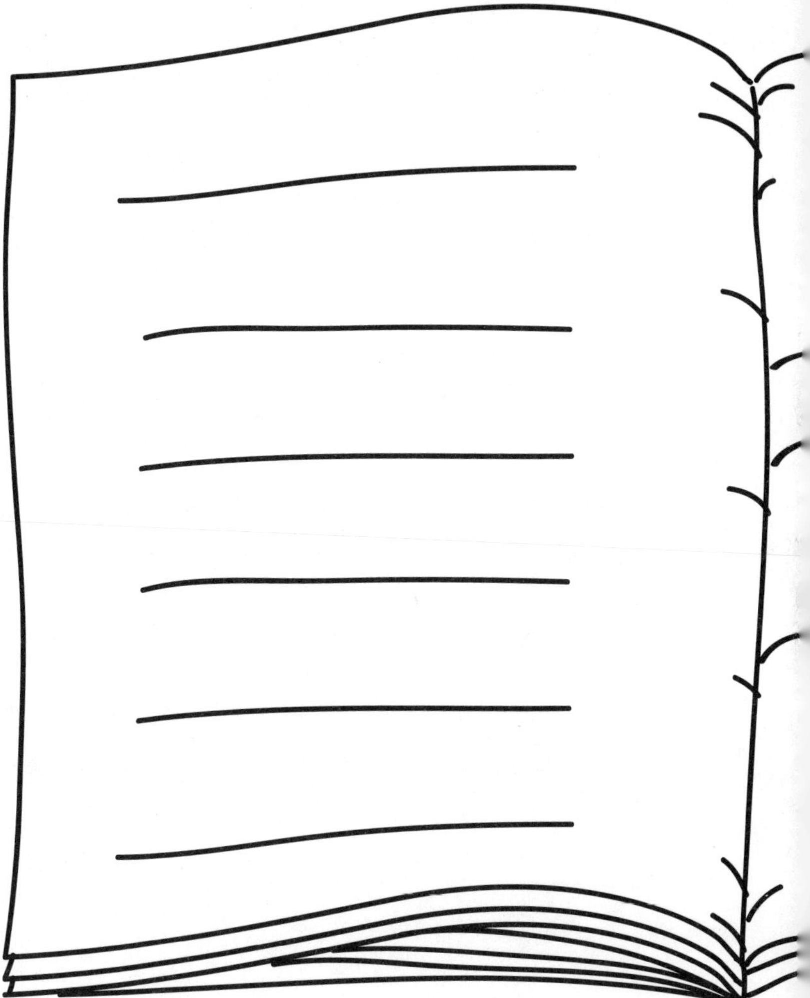

Escoge el personaje bíblic@ más parecid@ a ti:

¿QUÉ APRENDISTE DE ESE PERSONAJE?

ESCRIBE 6 COSAS DIFÍCILES QUE CREÍAS QUE NO IBAS A LOGRAR HACER, PERO QUE HOY EN DÍA NO PARECEN TAN MALAS.

1. ESPERAR HASTA QUE LLEGARA ESTE DIARIO
2.
3.
4.
5.
6.

OYE, PST

¿YA AGRADECISTE HOY?

- Sí, claro ☐
- Todavía no ☐
- Era la próxima cosa que iba a hacer ☐
- ¡Gracias por recordármelo! ☐

¿Creíste que iba a olvidarme de recordarte?

Cuando dudes, pregúntate:

¿Qué
haría
Jesús?

¿CUÁL ES TU MAYOR MIEDO?

LA PRÓXIMA VEZ QUE ESTÉS EN PÚBLICO, GRITA ALGUNA COSA INESPERADA.*
PUEDE SER «¡YO AMO A JESÚS!»

*ABRAZA EL LIBRO SI NECESITAS VALOR.

TAL VEZ TENGAS MIEDO DE ENFRENTAR ESTE DESAFÍO. ¿QUÉ TAL LISTAR COSAS MÁS ESPELUZNANTES QUE ESO?

1.
2.
3.
4.
5. CAER DE UNA ESCALERA
6. GODZILLA

Ahora
intentémoslo,
sin acobardarnos
esta vez.
Si lo prefieres,
anota aquí lo
que vas a gritar
y ensaya un poco
antes.

¿CÓMO TE SIENTES HOY?

- ☐ ANIMADO (¿YA HAS HECHO EL DESAFÍO DE LA PÁGINA 30? ¡DESPUÉS VUELVE AQUÍ!)
- ☐ CANSADO (¿QUÉ TAL ESA SIESTA?)
- ☐ FELIZ (YO SÉ, YO TAMBIÉN, VAMOS A LA PÁGINA 104)
- ☐ IRRITADO (TAMBIÉN ME PASA A MÍ. LEE LO QUE ESCRIBISTE EN LA PÁGINA 88)
- ☐ ENOJADO (¡ESCRIBE SOBRE ESTO! ¡PUEDES UTILIZAR LA PRÓXIMA PÁGINA!)
- ☐ TRISTE (LEE LA PÁGINA 17)
- ☐ SALTANDO DE ALEGRÍA (DA UNOS SALTOS O UTILIZA LA COREOGRAFÍA DE LA PÁGINA 28)

¡COMO SIEMPRE, PUEDES SEGUIR ESAS INSTRUCCIONES O ESCOGER UNA NUEVA PÁGINA!

DESAHOGA TU IRA AQUÍ. UTILIZA LETRAS GRANDES SI ES NECESARIO.

¿ENCONTRASTE VALOR E HICISTE EL DESAFÍO DE LA PÁGINA 92? APUESTO QUE NO FUE TAN MALO, ¿VERDAD? DEBE HABERTE DEJADO CON MÁS VALENTÍA PARA ENFRENTAR OTROS MIEDOS, TALES COMO:

1. HABLAR EN PÚBLICO DELANTE DE UNA SALA ENTERA
2. ENCARAR UN ERROR Y ENFRENTAR LAS CONSECUENCIAS
3. DECIR HOLA A UN DESCONOCIDO
4.
5.
6.

AHORA HAZ UNA LISTA DE LOS PRÓXIMOS MIEDOS QUE VAS A ENFRENTAR. PUEDE TOMAR TIEMPO, PERO CUANDO FINALMENTE LO LOGRES, SERÁ GENIAL PODER TACHAR ESTOS ELEMENTOS DE LA LISTA DE TAREAS ATERRADORAS:

1. TERMINAR ESTE DIARIO
2. HACER NUEVOS AMIGOS
3. LEER UN VERSÍCULO EN PÚBLICO
4.
5.
6.
7.
8.

Enumera aquí tus problemas actuales:

IMAGINA AQUÍ LAS BENDICIONES QUE ESTÁN EN CAMINO.

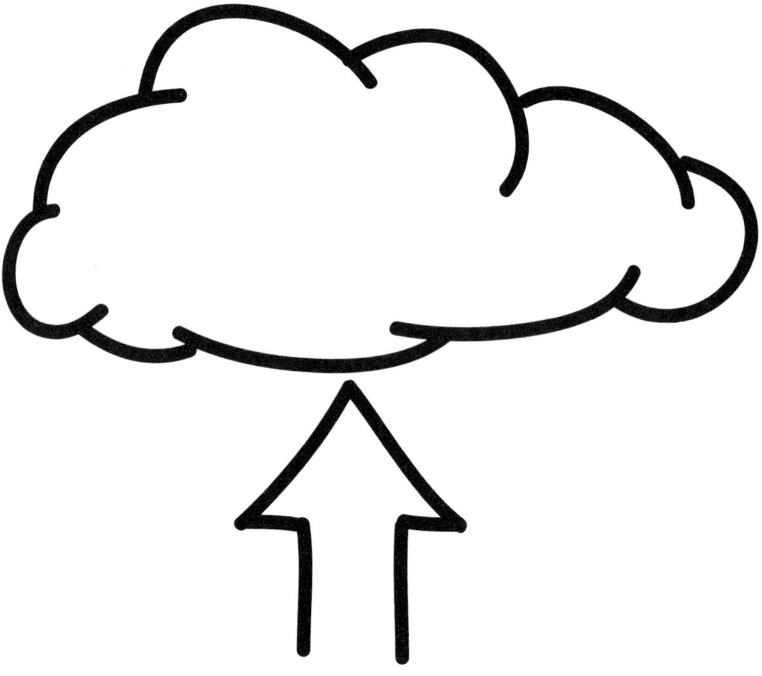

ORACIONES

Bendiciones

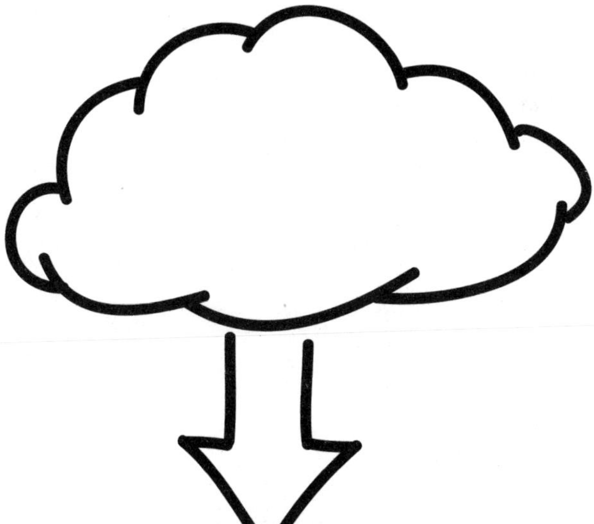

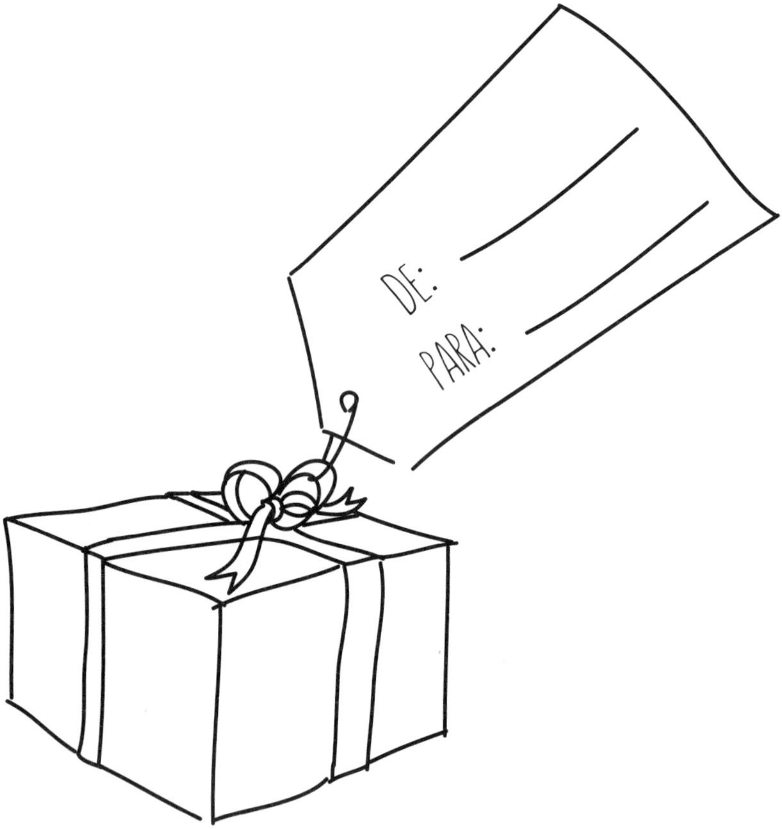

ELIGE UNA PERSONA A LA CUAL REGALARLE HOY.

HAZ TODO CON

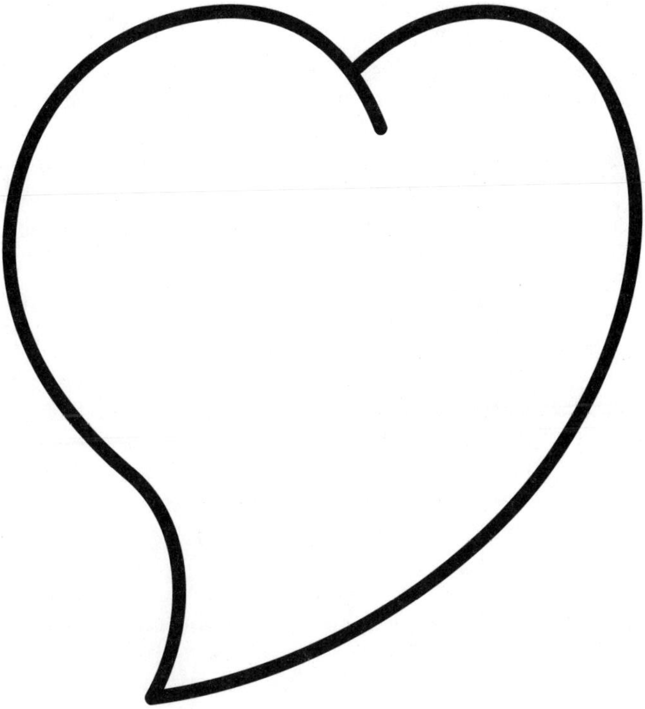

Así que no temas, porque yo estoy contigo; no te angusties, porque yo soy tu Dios. Te fortaleceré y te ayudaré; te sostendré con mi diestra victoriosa.

Isaías 41.10

Comparte ese versículo con alguien y escribe el nombre de la persona:

NO TODO LO QUE PEDIMOS SE HACE REALIDAD. PERO GENERALMENTE ESO ES ALGO BUENO. ANOTA AQUÍ LAS COSAS QUE QUISIERAS QUE HUBIERAN OCURRIDO EN EL PASADO.

1. PODER COMER TODO EL PUDÍN DE MI ABUELA SIN TENER QUE COMPARTIRLO CON NADIE.
2.

3.

4.

5.

Ahora imagínate si esas cosas hubieran ocurrido.

1. Un dolor de estómago horrible.

2.

3.

4.

5.

RECUERDA:
DIOS SABE LO QUE
HACE Y QUIERE
LO MEJOR PARA
NOSOTROS...

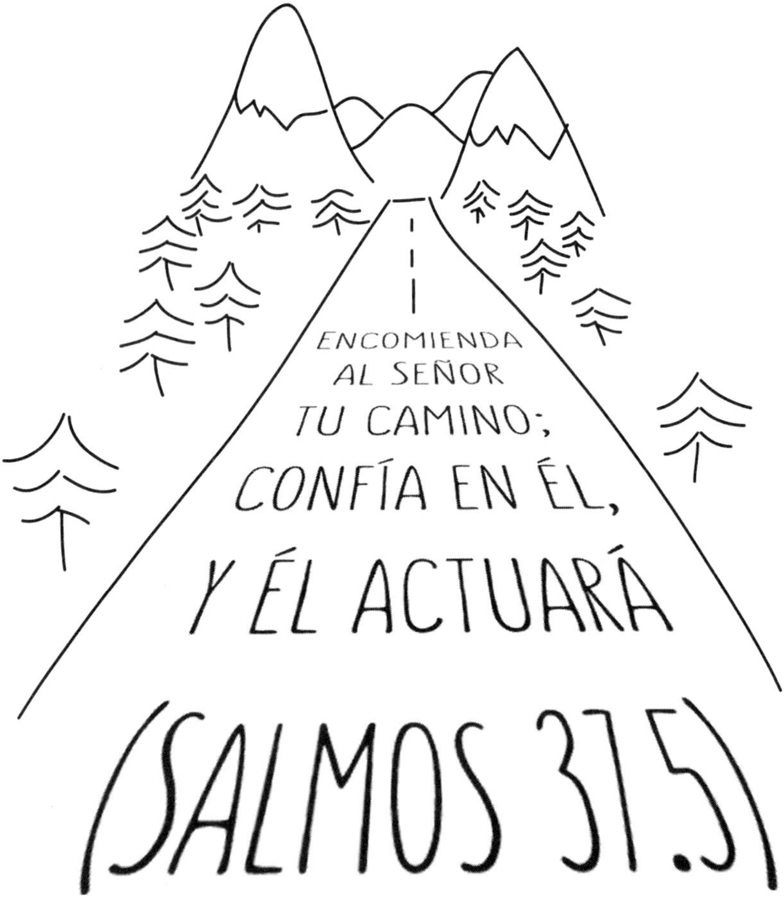
ENCOMIENDA
AL SEÑOR
TU CAMINO;
CONFÍA EN ÉL,
Y ÉL ACTUARÁ
(SALMOS 37.5)

¿Qué es lo que te hace feliz? ¡Vuelve aquí cuando estés desanimad@ y haz una de estas cosas!

1. Escribir en este diario
2. Salir a caminar
3. Ver una buena película
4.
5.
6.
7.
8.

¡SI TODO NO HA SALIDO BIEN TODAVÍA... SIGNIFICA QUE AÚN NO ES EL FIN (Y ESTAMOS SOLO EN LA MITAD DEL LIBRO)!

Cosas que necesitas:

1. ~~Más libros~~
2. ~~Dinero~~
3. ~~Casa~~
4. ~~Ropa~~
5. ~~Zapatos~~

Jesús

Escribe una bendición en la parte posterior de cada una de las siguientes hojas y recórtalas. Puedes colorearlas, doblarlas, o lo que te inspire. Luego cuélgalas o ponlas en un recipiente. ¡Así tendrás un recordatorio de las bendiciones de Dios cada vez que estés trabajando o estudiando!

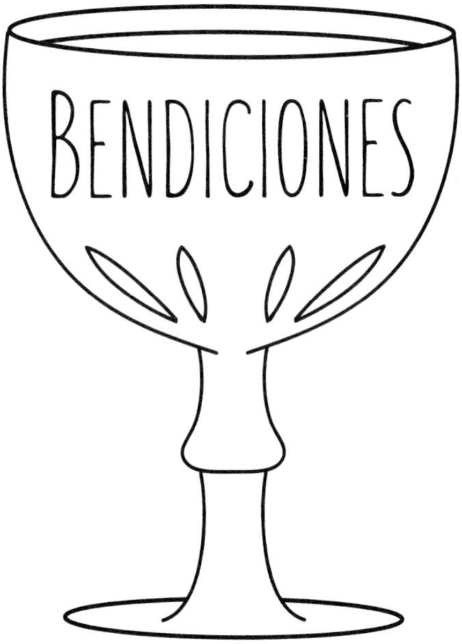

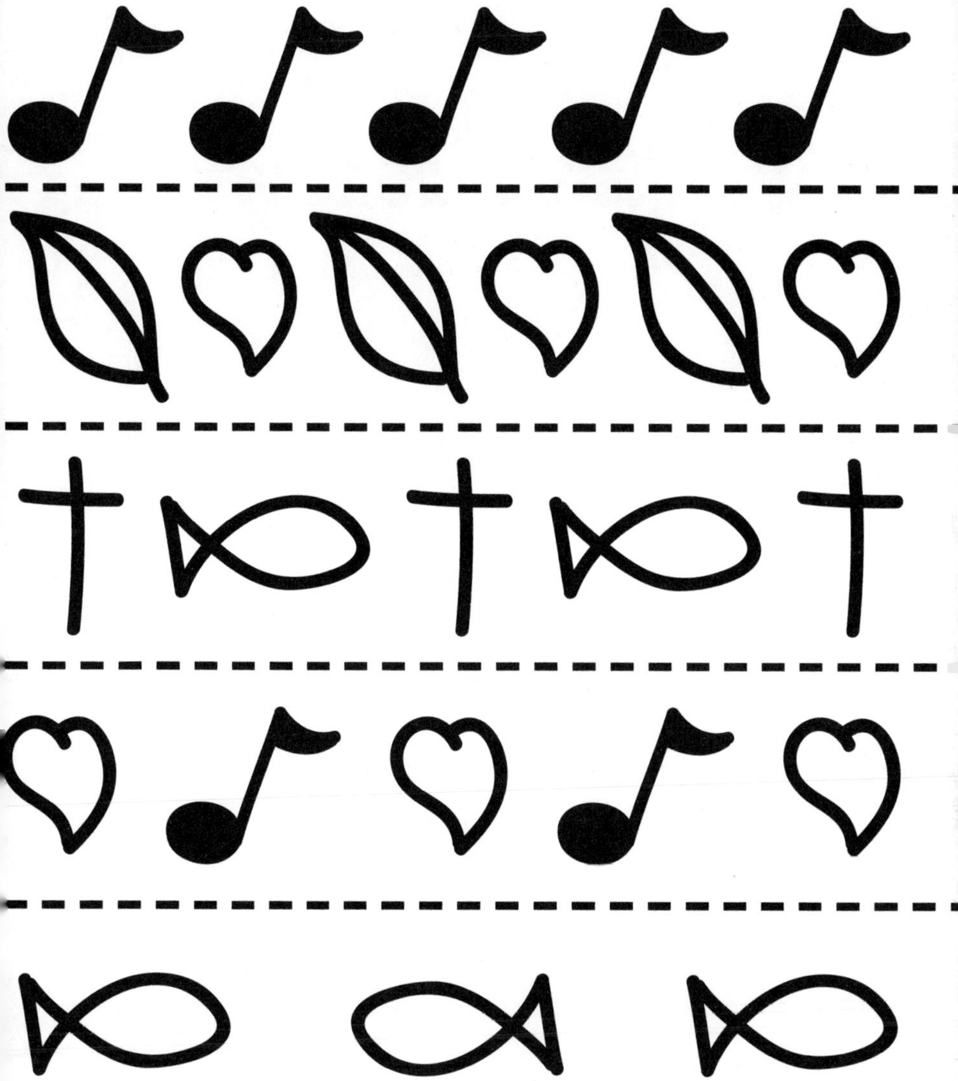

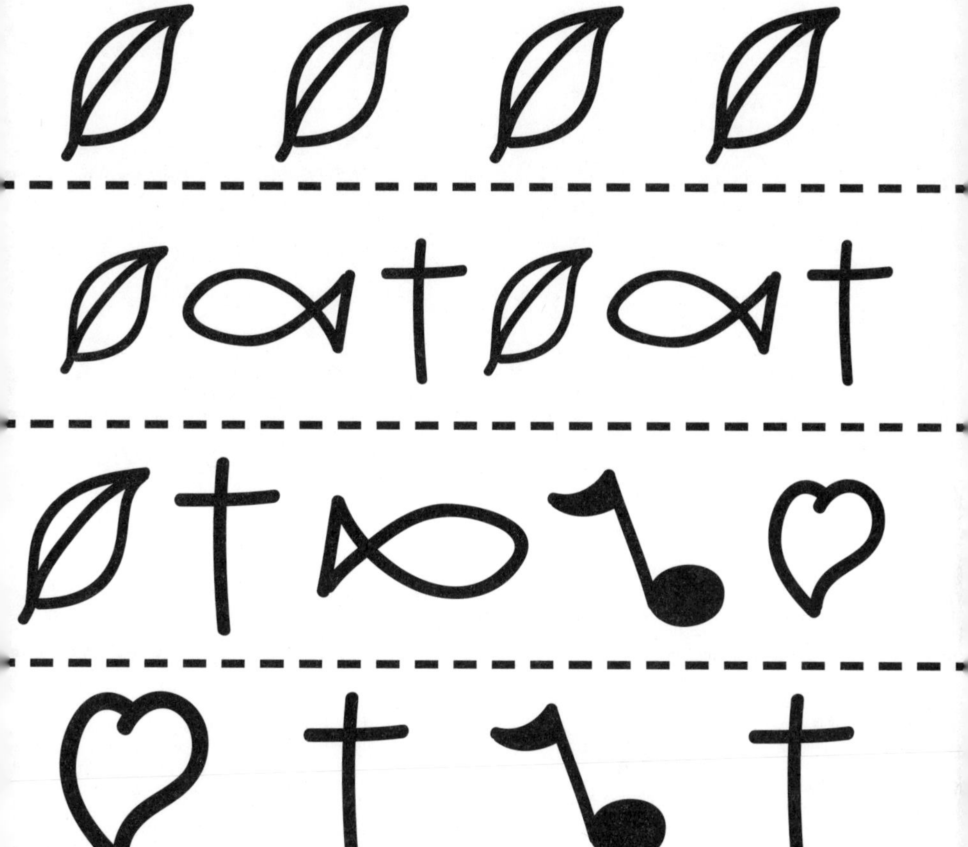

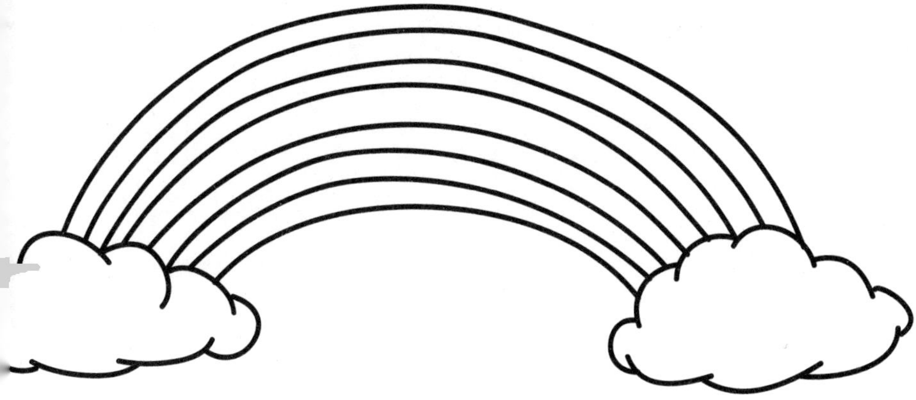

SIEMPRE QUE PASES POR UNA TEMPESTAD, RECUERDA QUE SOLO CON LA LLUVIA ES POSIBLE TENER UN ARCOÍRIS. ¡VUELVE AQUÍ EN LOS DÍAS DIFÍCILES PARA COLOREAR TU ARCOÍRIS!

Dios es …

C D E R O S E N T I C O R I S C X W B M
V U P T A T I C O N S E J E R O C Y Ñ H
B I S E P I M A R A V I L L O S O E A G
N L E N T O E V E L E C T A E T X Q I R
T P A D R E D E L A E T E R N I D A D W
R D M A I S A L V A C I Ó N O P T I B D
C I P S A N T O T Q V X Y T E M S Z N C
X I T A M O R T R E M S A M U S A T R O
A B A T V O L U K P O N V E L E W Y H P

ESCRIBE AQUÍ LAS PALABRAS QUE ENCONTRASTE.

¡LUEGO, ESCÓNDELAS Y DESAFÍA A TUS AMIGOS PARA VER QUIÉN ENCUENTRA MÁS PALABRAS EN MENOS TIEMPO!

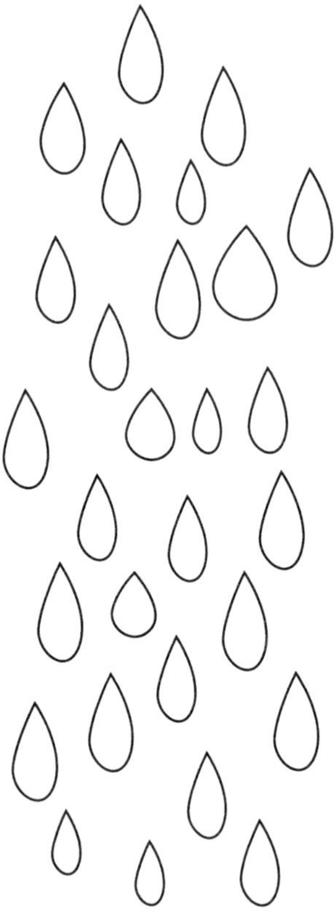

¿QUÉ CANCIÓN HAS CANTADO EN LA DUCHA?

Mañana será un nuevo día.
¿Estás preparad@?

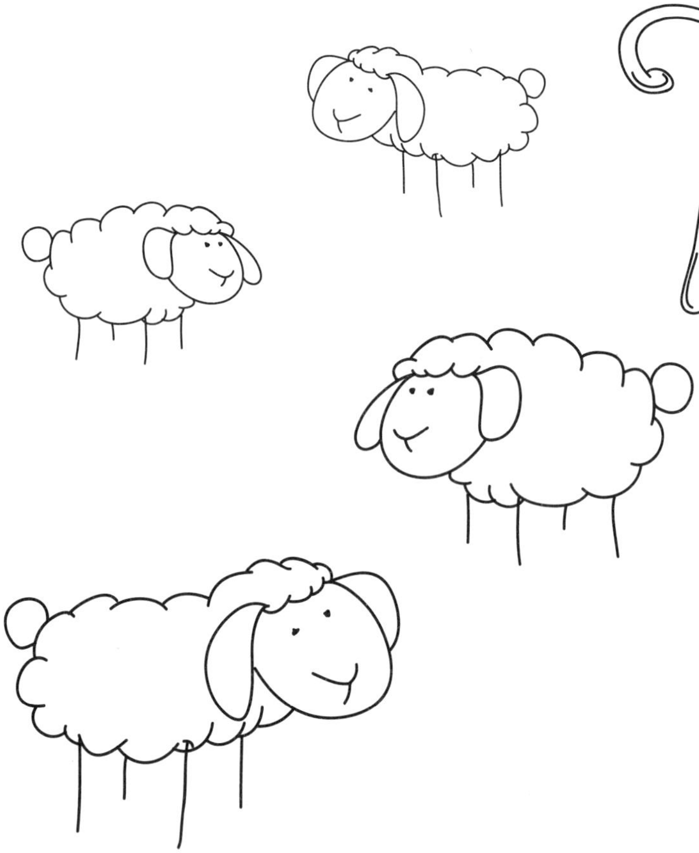

EL SEÑOR ES MI ____________

NADA ME _______

Respira profundo

y

no te olvides

nada nos puede separar del

amor de Cristo

HAZ AQUÍ UN AFICHE DE INSPIRACIÓN.

Compártelo con la etiqueta
#ELDIARIOMASCOOLDELMUNDO

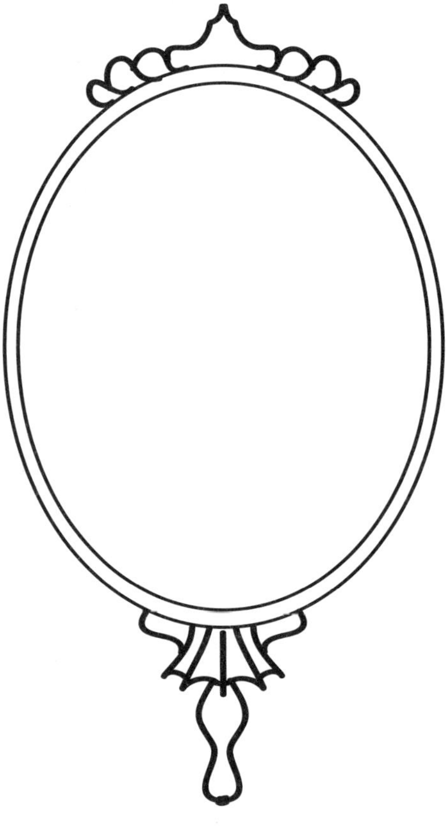

¿QUÉ VES CUANDO MIRAS AL ESPEJO?

¿YA DISTE LAS GRACIAS HOY?

- ☐ SÍ, CLARO
- ☐ TODAVÍA NO
- ☐ ERA LA PRÓXIMA COSA QUE IBA A HACER
- ☐ ¡GRACIAS POR RECORDÁRMELO!

SÉ EL REFLEJO DE DIOS EN LA TIERRA

Escribe 5 tareas que puedas terminar en 5 minutos:

1. Dejar de postergar
2. Un pastelito (magdalena) o una torta de chocolate (¡o los 2!)
3.
4.
5.

Cuando termines, no te preocupes, ¡Todavía te quedan cinco minutos!

ESTÉN SIEMPRE
ALEGRES, OREN
SIN CESAR.

1 TESALONICENSES
5.16-17

¡TÚ MERECES!

CUPÓN-REGALO

CUPÓN-CUMPLIDO

CUPÓN-REGALO

CUPÓN-CUMPLIDO

CUPÓN-REGALO

CUPÓN-CUMPLIDO

RECORTA Y UTILIZA ESTOS CUPONES UNO A LA VEZ PARA ALEGRAR TU DÍA O REGALAR A ALGUIEN QUERIDO.

¡ANOTA AQUÍ CADA REGALO O ELOGIO QUE HICISTE!

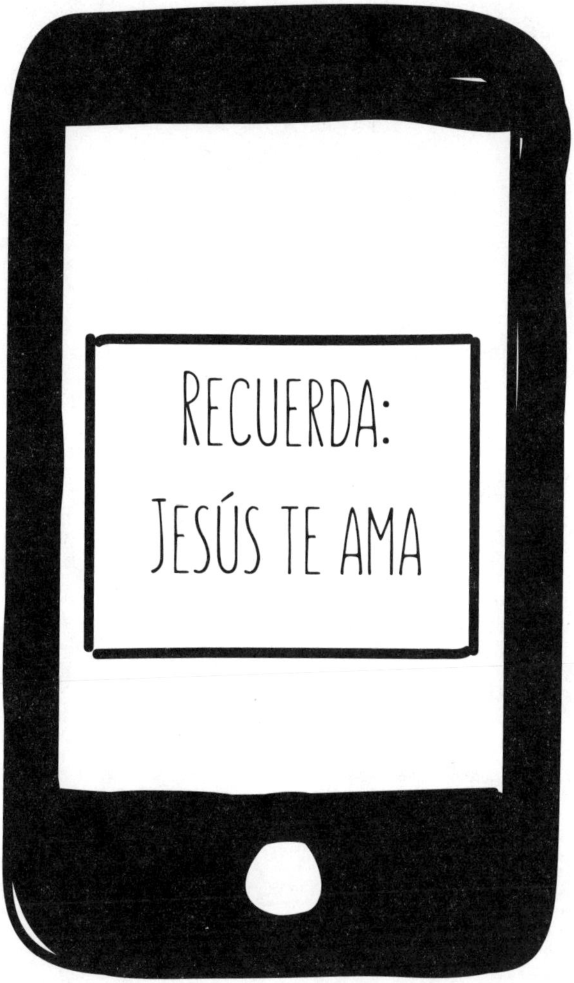

¿Qué tal si mandas este mensaje a 5 amigos?

EN UN MAL DÍA, USA TU ROPA FAVORITA PARA UNA BUENA DOSIS DE VALENTÍA.

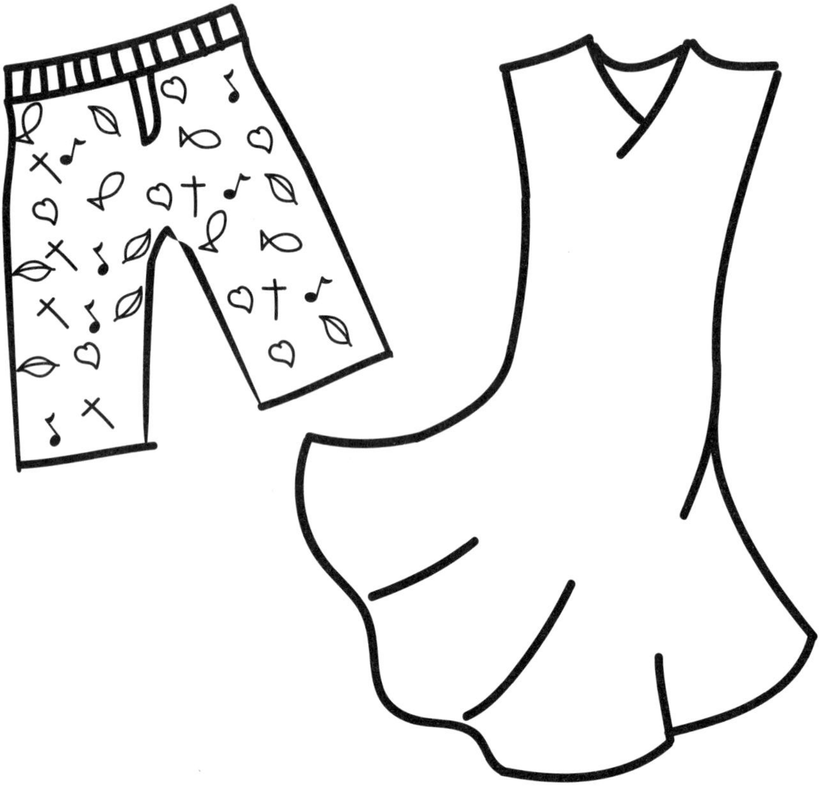

(¡DIBUJA O ANOTA AQUÍ PARA VESTIRTE MÁS RÁPIDO CUANDO NO TENGAS MUCHO TIEMPO!)

¿QUÉ TE ASUSTA? ¿POR QUÉ?

¿QUÉ DEPORTES TE GUSTA PRACTICAR? ¿QUÉ TAL SI ME LLEVAS CONTIGO? ¡YA TE ESTOY ANIMANDO!

¡TÚ ERES LO MÁXIMO!

¡GUAU, CÓMO JUEGAS DE BIEN!

¡VAMOS, EQUIPO!

¿Terminaste tus 30 días de agradecimientos? ¿Cómo fue? ¿Por qué estás más agradecid@?

¿YA IMAGINASTE QUE ALGUIEN PODRÍA ESTAR ORANDO PARA TENER UNA VIDA COMO LA TUYA?

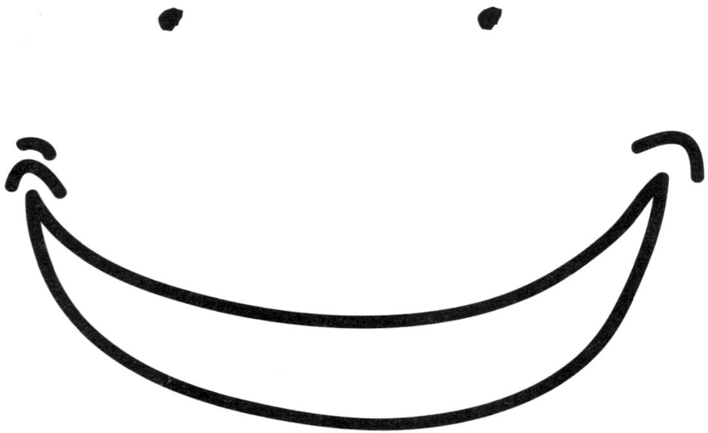

Alégrate siempre en el Señor

ESCRIBE 7 COSAS QUE NADIE SABE DE TI:

1.

2.

3.

4.

5.

6.

7.

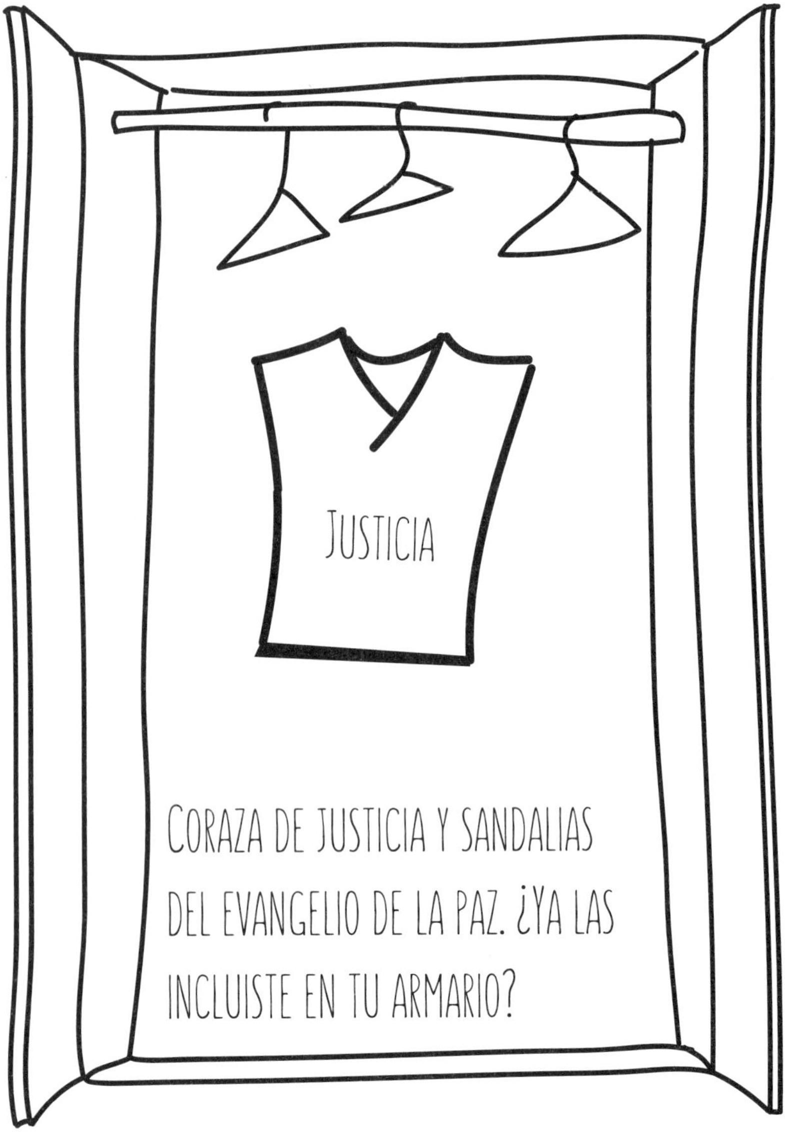
Justicia
Coraza de justicia y sandalias del evangelio de la paz. ¿Ya las incluiste en tu armario?

Así que no temas, porque yo estoy contigo; no te angusties, porque yo soy tu Dios.

Isaías 41.10

¡Usa este pasaje para hacer tu próxima oración!

Escribe el nombre de las personas que viven en tu corazón

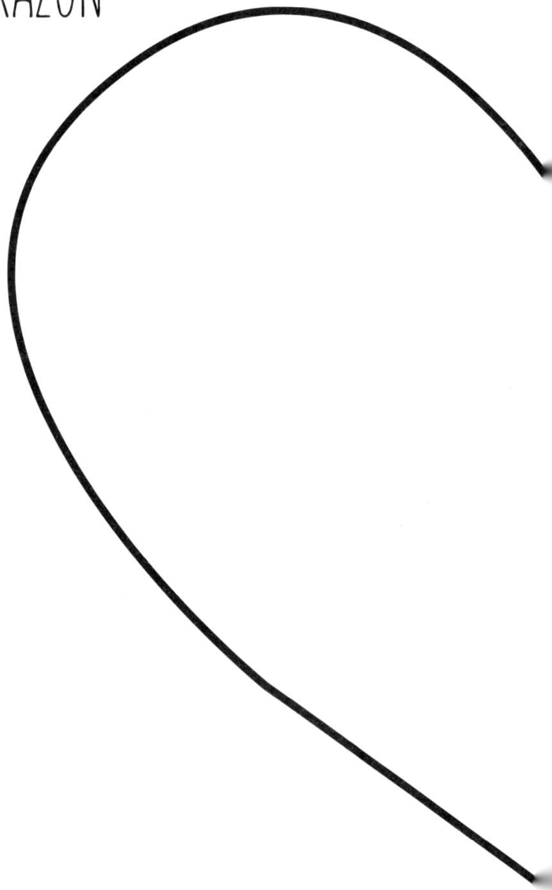

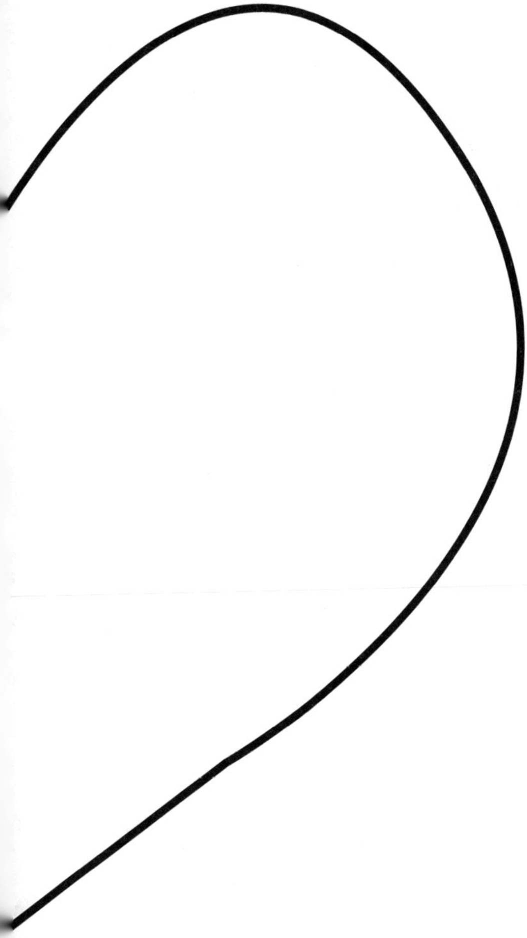

Cambiar de hábitos es difícil. Enumera recordatorios para formar nuevos hábitos…

1. ¡Hacer ejercicio!
2. Llenar el diario cada día
3.
4.
5.
6.
7.

1. DEJAR DE HURGARME LA NARIZ
(¡ESTÁ BIEN, SOY UN DIARIO Y NI SIQUIERA TENGO UNA NARIZ!)

2.

3.

4.

5.

6.

7.

...Y ROMPER CON LOS MALOS HÁBITOS

Como digo siempre,

____

(llena aquí)

Escoge uno de los símbolos de abajo al azar.
Pasa la página y sigue las instrucciones.

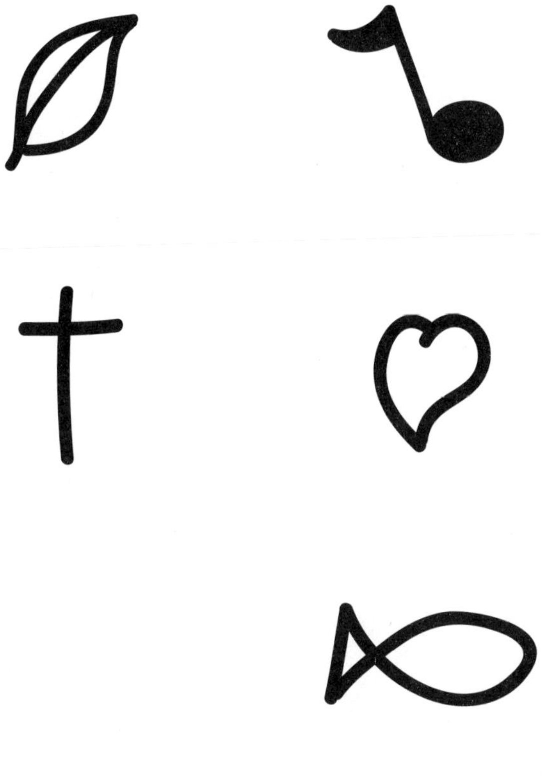

- ¿QUÉ TAL SI LLENAS LA PÁGINA DE LAS MASCOTAS? VE A LA PÁGINA 194
- ¿YA COMPLETASTE LA PÁGINA 122?
- ¿QUÉ TAL SI TE AVENTURAS CON LOS DIBUJOS EN LA PÁGINA-VENTANA 168?
- 171 PARA TI
- PASA A LA PRÓXIMA PÁGINA

O HAZ TODO DE UNA VEZ Y LUEGO ABRE UNA PÁGINA AL AZAR PARA ESCOGER TU PRÓXIMA TAREA

¿QUÉ TE GUSTARÍA CAMBIAR EN EL MUNDO?

¿QUÉ COSAS CREES QUE PUEDES HACER MEJOR?

1. ¡ESCRIBIR MÁS RÁPIDO, QUIERO VER PRONTO EL FINAL DEL DIARIO!

2.

3.

4.

Tú mereces un

Pase libre

De vez en cuando.
Guarda esta página para cuando lo necesites.

¿CÓMO ES TU CASA? ¿CUÁL ES TU LUGAR PREFERIDO?

Elige un escondite para este diario

PALABRAS DE ALIENTO PREFERIDAS:

Reserva esta página para escribir estas palabras para ti mism@ cuando te sientas mal.

Objetivos para la próxima semana:

1.
2.
3.
4.
5.
6.
7.

1.

2.

3.

4.

5.

6.

7.

(PASOS PARA COMPLETAR ESTOS OBJETIVOS)

Ahora inclúyelos en tu agenda

Domingo

Lunes

Martes

Miércoles

Jueves

Viernes

Sábado

Si te equivocas, no te preocupes,
inténtalo de nuevo.
¡Lo importante es
intentarlo!

¿YA DISTE LAS GRACIAS HOY?

Sí, claro ☐

Todavía no ☐

Era la próxima cosa que iba a hacer ☐

¡Gracias por recordármelo! ☐

Escribe aquí todo lo malo que alguna vez pensaste o escuchaste acerca de ti...

¡ARRANCA ESTA PÁGINA!

HAZ UNA PELOTA CON ELLA Y TÍRALA A LA BASURA.

Pd: No escuches a las malas lenguas

¿QUÉ ES LO QUE VES DESDE LA VENTANA? DIBÚJALO AQUÍ.

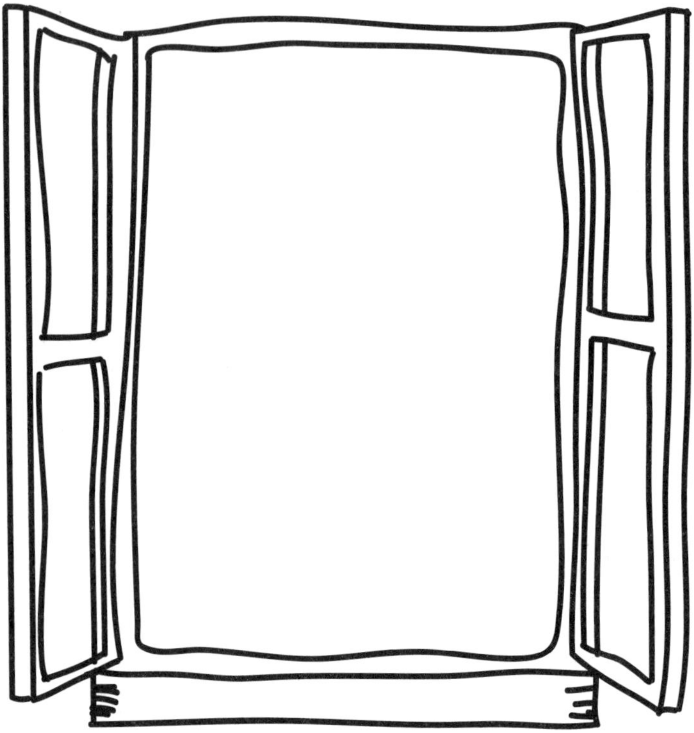

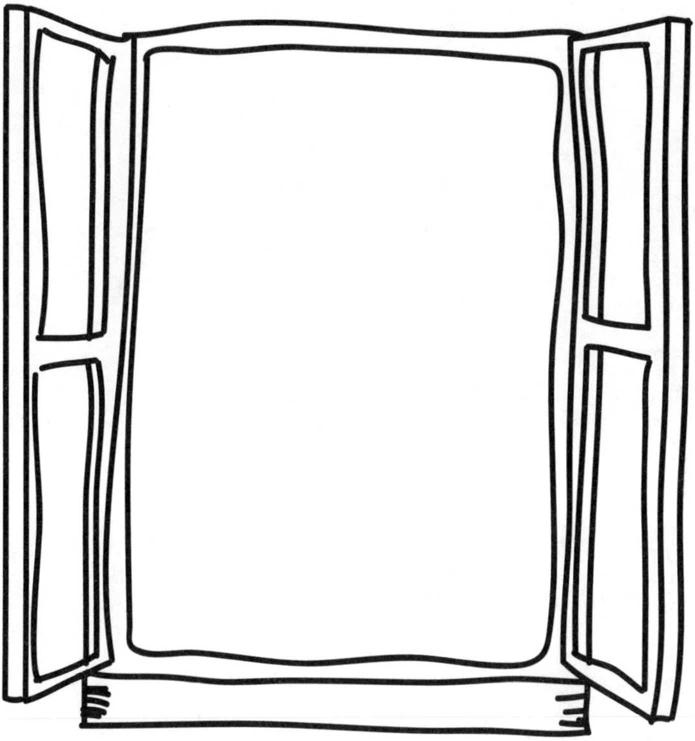

¿QUÉ ES LO QUE TE GUSTARÍA VER?
DIBÚJALO AQUÍ.

Todos nos hemos equivocado en el pasado.

No dejes que esos errores entorpezcan tu futuro.

¡Sigue adelante!

YO LOS HICE
Y CUIDARÉ DE
USTEDES; YO LOS
SOSTENDRÉ Y LOS
SALVARÉ.
ISAÍAS 46.4

Enumera tus problemas aquí.
En la próxima página encontrarás las respuestas.

Examen difícil ______

¡Dios te mostrará un camino!

En Dios todo es posible

Dios nos perdona

Dios es nuestra sabiduría

Dios es misericordioso

Dios nunca nos abandonará

Dios proveerá

Pista: ¡Conéctalas con bolígrafos de colores; así podrás utilizar la misma respuesta más de una vez!

¿CUÁNDO ES TU CUMPLEAÑOS?

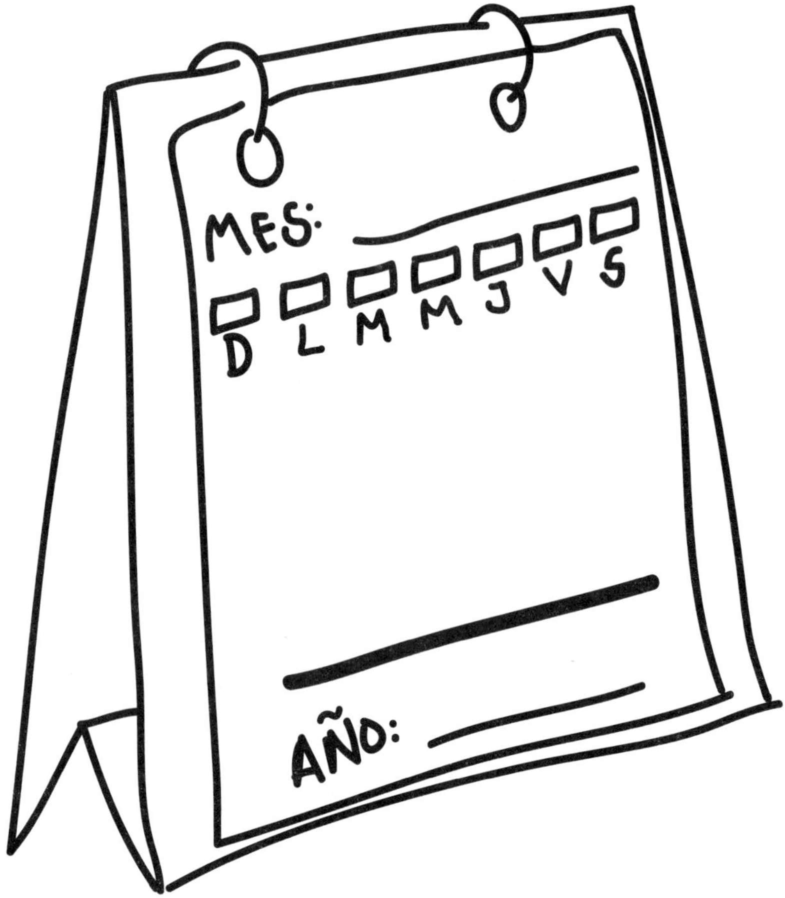

¿CÓMO VAS A CELEBRARLO?

¿QUÉ CREES QUE AÚN NECESITAS APRENDER?

¿HAY COSAS QUE YA APRENDISTE, PERO SIEMPRE OLVIDAS? ¡ANÓTALAS AQUÍ VARIAS VECES PARA RECORDAR!

1. ¡SER MÁS CONFIADO SIEMPRE!

2.

3.

4.

NO VA A SER FÁCIL

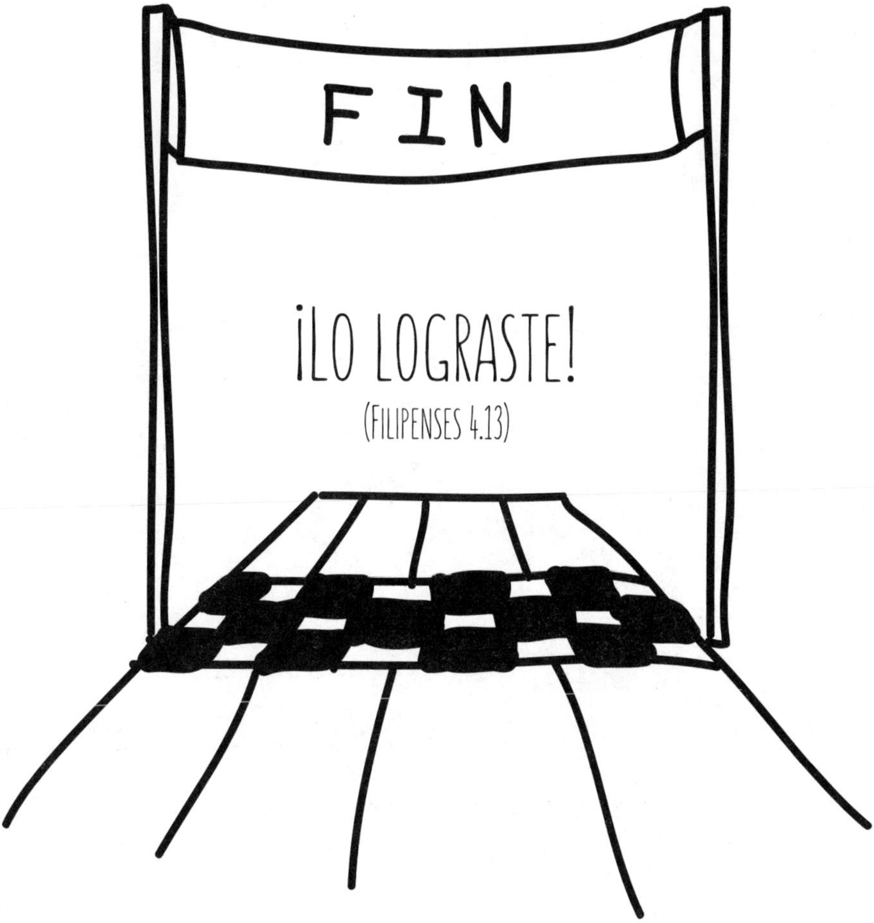

¡LO LOGRASTE!

(Filipenses 4.13)

No te olvides

Tú nunca estarás sol@

¿YA COMPLETASTE EL
DESAFÍO DE LA PÁGINA
92 Y DESCUBRISTE CÓMO
ENFRENTAR LOS MIEDOS?
¿QUÉ TAL UN DESAFÍO
QUE REQUIERA VALENTÍA?
¿ESTÁS LIST@ REALMENTE?
¡ENTONCES PASA LA PÁGINA!

GRABA UN VIDEO DE HASTA 15 SEGUNDOS Y COMPÁRTELO EN TUS REDES SOCIALES CON LA ETIQUETA #ELDIAROMASCOOLDELMUNDO

USA ESE VIDEO PARA COMPETIR CON TUS AMIGOS.
ESTA ES LA TABLA DE PUNTOS:

*HABLAR SOBRE UNA BENDICIÓN	10 PUNTOS
*CANTAR	15 PUNTOS
* HACER UNA COREOGRAFÍA	15 PUNTOS
*COMPONER Y CANTAR UNA CANCIÓN ORIGINAL	20 PUNTOS

TOTAL DE PUNTOS: ______

¿QUÉ VAS A HACER MAÑANA?

¿ME PUEDES LLEVAR?

¿CÓMO QUIERES QUE SEA TU DÍA?

VE A LA PÁGINA:

FELIZ	125
RELAJANTE	¡PASA LA PÁGINA!
LLENO DE AMIGOS	132
GENTIL	133
PRODUCTIVO	162

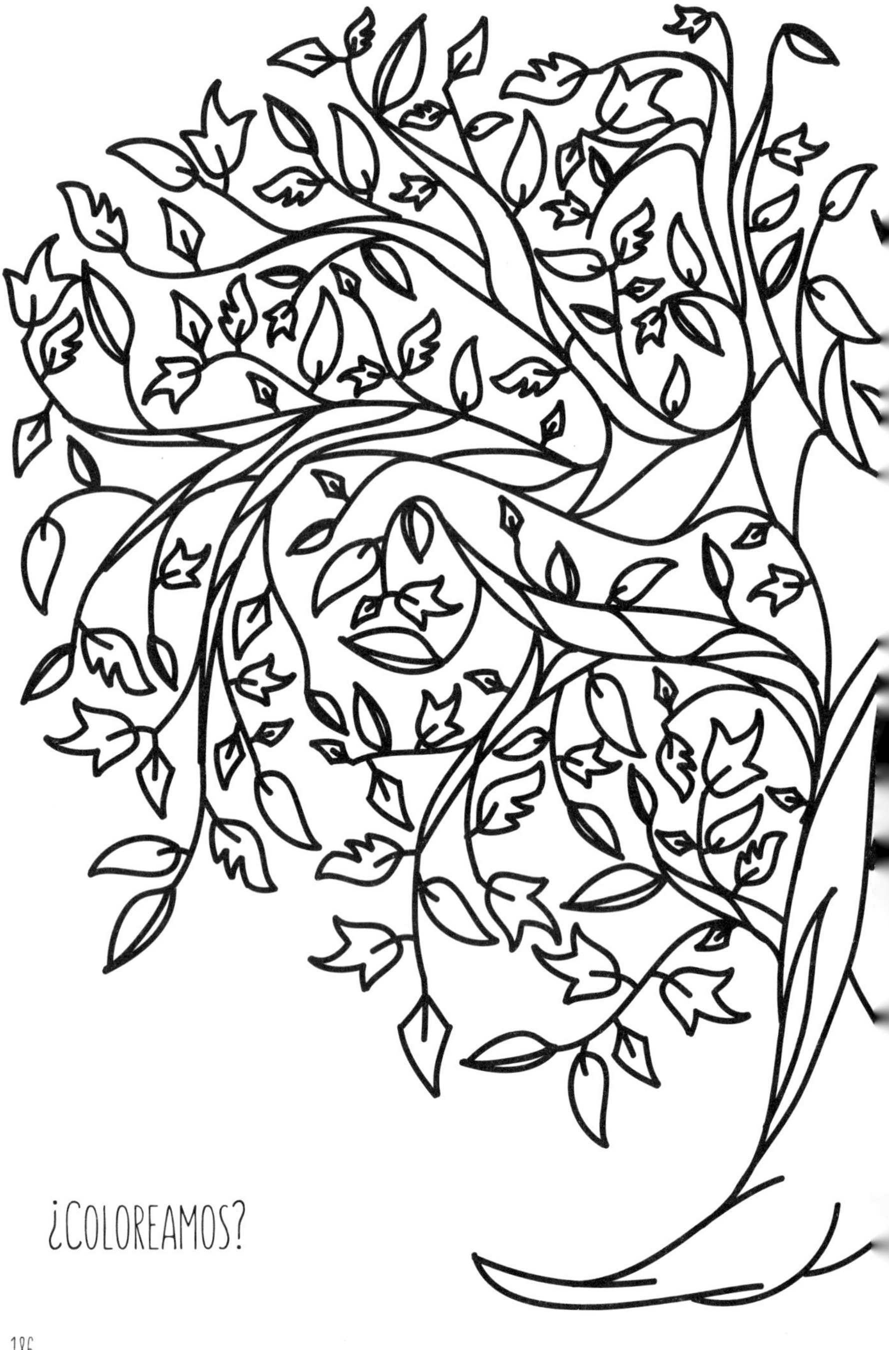

¿COLOREAMOS?

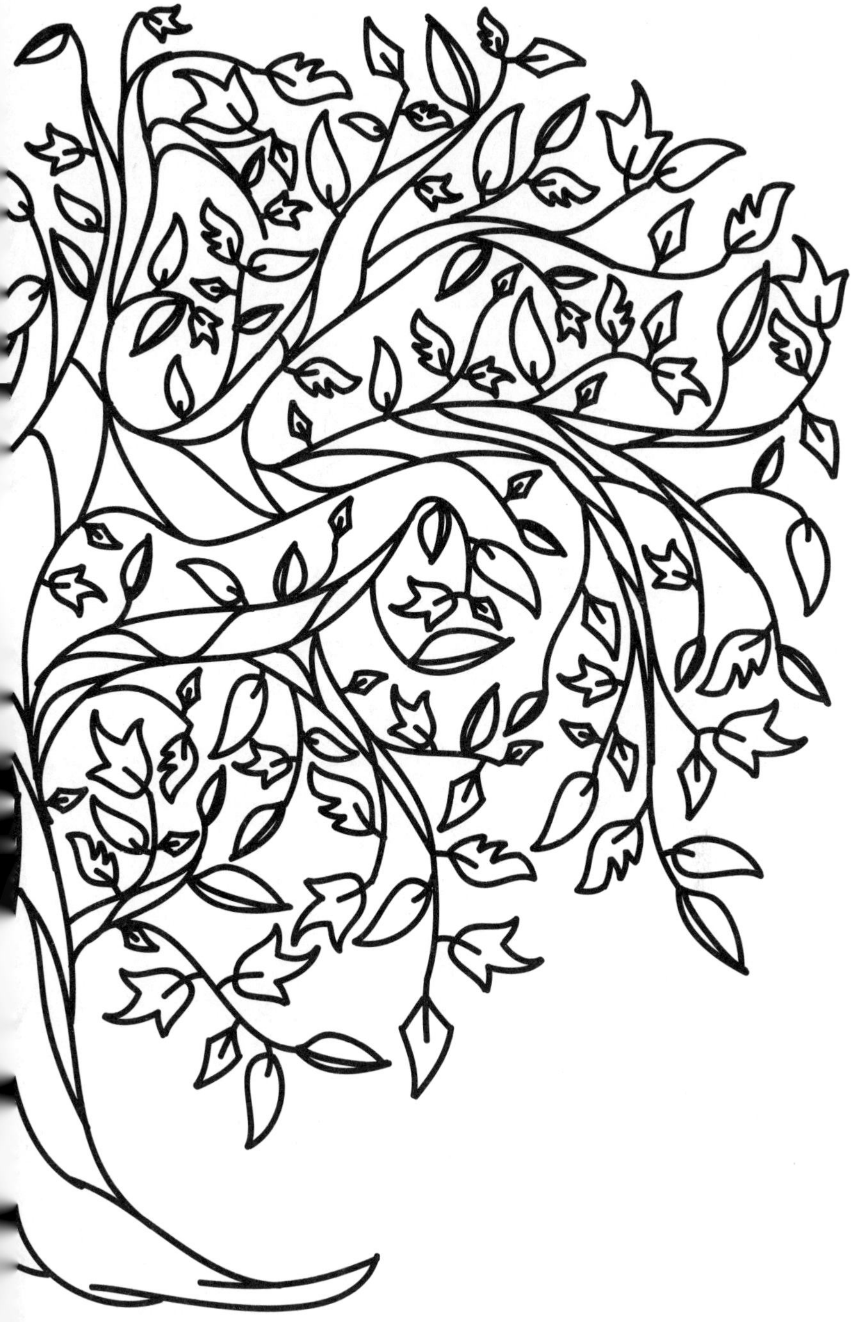

ESCRIBE TODO LO QUE NECESITAS HACER EN LOS PRÓXIMOS 30 MINUTOS, ASÍ NO TE OLVIDARÁS DE NADA

¿CÓMO VA A SER TU VIDA LA SEMANA QUE VIENE?

¿YA IMAGINASTE EL MES QUE VIENE? ¿CÓMO ESTARÁS?

Lista de compras para nunca comprar

(¡Escribe aquí las cosas que no quieres de ninguna manera!)

1.
2.
3.
4.
5.

Personas con las que quieres pasar tiempo

1. Mamá
2. Mejor amig@
3.
4.
5.
6.
7.
8.
9.
10.

Actividades para hacer

Cenar

Cine

Pícnic

Caminar por el parque

Jugar

(¡Conecta los puntos!)

¿Tienes mascotas?

Dibuja y escribe una breve biografía de cada una. (Puede ser imaginario)

¿Cuál es la situación más vergonzosa que has tenido? Dibújala en 5 momentos.

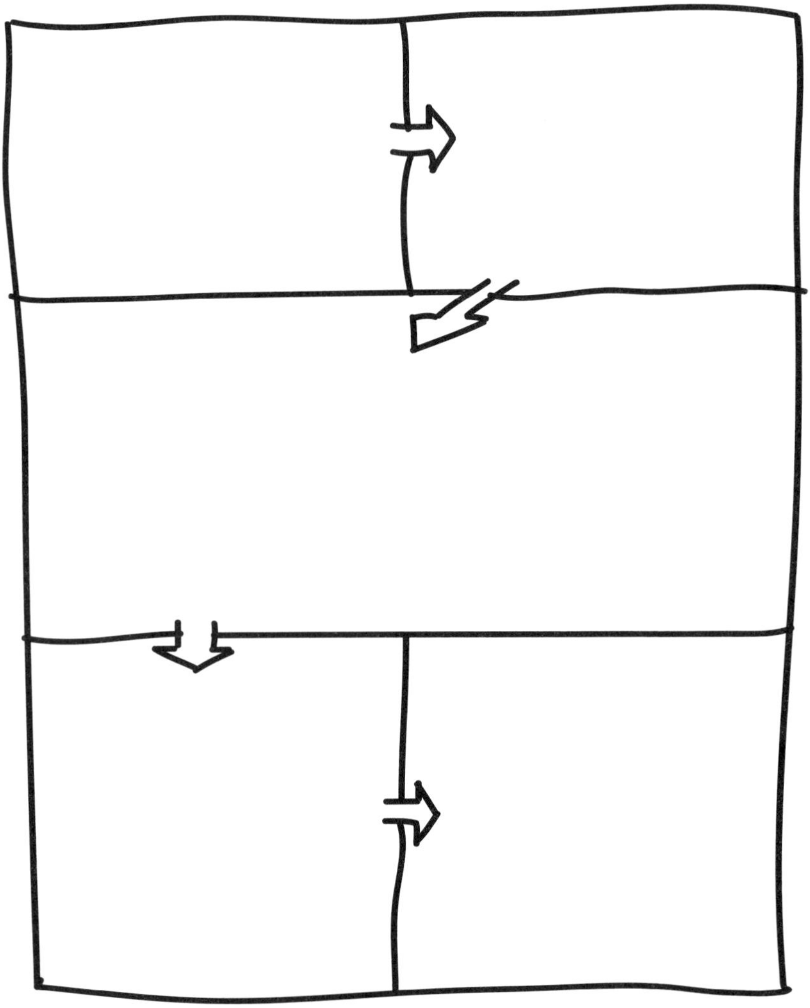

¿CÓMO QUISIERAS HABER RESUELTO LA SITUACIÓN? ¡AHORA ES TU OPORTUNIDAD DE REESCRIBIR LA HISTORIA!

¿CÓMO ES LA HABITACIÓN DE TUS SUEÑOS? DIBÚJALA EN LAS PRÓXIMAS PÁGINAS

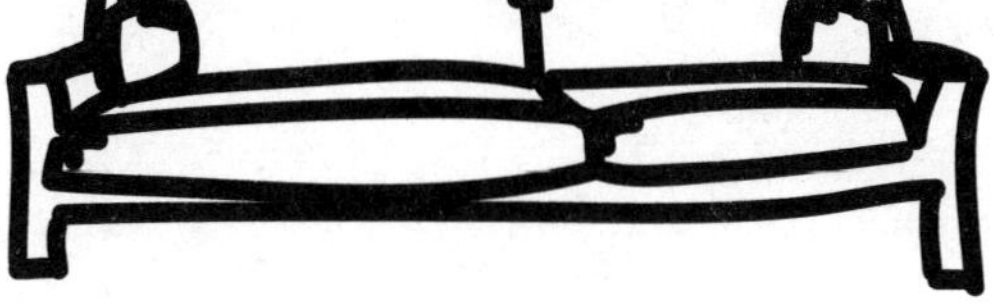

DEJA TODO LO QUE
ESTÁS HACIENDO.
CIERRA LOS OJOS.
RESPIRA PROFUNDA
E INTENSAMENTE.
SACUDE TUS
HOMBROS.

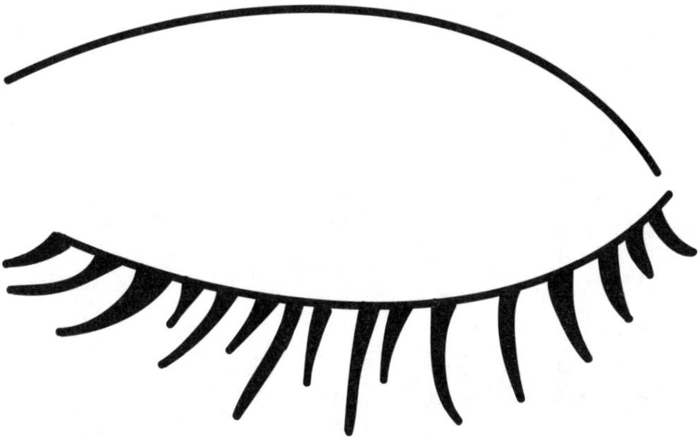

¿TE AYUDÓ A RELAJARTE?

Cierra los ojos nuevamente y ora por la primera cosa que recuerdes

HAZ UNA LISTA DE LOS OBSTÁCULOS QUE HAYAS LOGRADO SUPERAR:

1.
2.
3.
4.
5.
6.
7.
8.
9.
10.

Escribe el nombre de las personas que no te agradan.

- ________________
- ________________
- ________________
- ________________

AHORA ESCRIBE UNA COSA GENIAL ACERCA DE CADA UNA DE ELLAS.

AMEN A SUS ENEMIGOS Y OREN POR QUIENES LOS PERSIGUEN.

MATEO 5.44

Escribe una receta que sin duda saldría mal

1 kg de bicarbonato de sodio

+

+

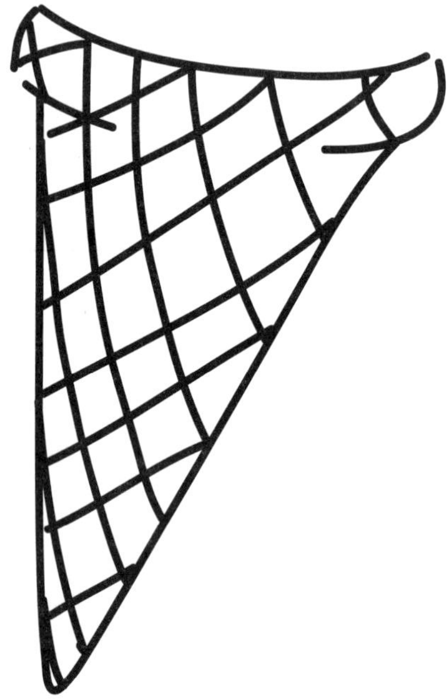

DIBUJA EL HELADO DE TUS SUEÑOS

(¡NO TE OLVIDES DE LA COBERTURA!)

Los planes de Dios

...tus planes

Habilidades para practicar todos los días

- Ser más calmad@
- Ser más bondados@
- Pensar antes de hablar
- ______________________
- ______________________
- ______________________

¡Pide a tus amigos que te ayuden!

PACIENCIA

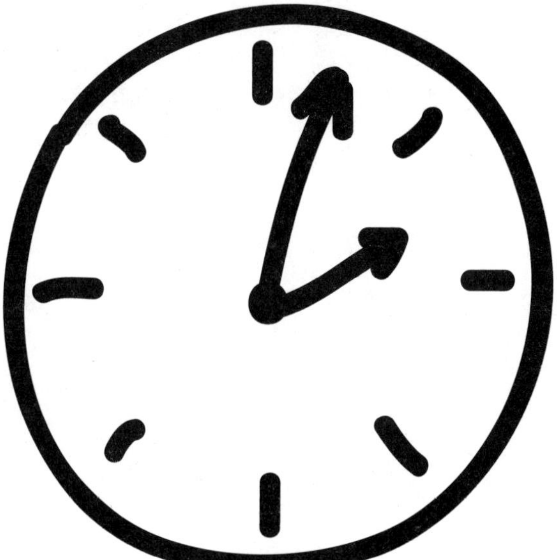

ES SOLO CUESTIÓN DE TIEMPO

¿QUÉ ÉPOCA TE DA MÁS NOSTALGIA? ¿CUÁNTOS AÑOS TENÍAS?

Pega aquí una foto tuya de esa época

ESCOGE UNA PÁGINA (¡PUEDE SER CUALQUIERA!), TOMA UNA FOTO Y LUEGO PINTA HASTA QUE QUEDE ILEGIBLE

¿Cuántos discípulos puedes identificar?

1. También conocido como Simón
2. Hijo de Zebedeo, pero no empieza con T
3. Hermano de N°2
4. Hermano de N°1
5. Pariente de N°3
6. Autor del primer evangelio
7. Nació en Betesda
8. Famoso por no creer
9. Era de Canaán, en Galilea
10. Su padre tenía el mismo nombre que el N°3
11. También conocido como el zelote
12. El de las treinta monedas de plata

1. Pedro
2. Juan
3. Santiago el mayor
4. Andrés
5. Santiago el menor
6. Mateo
7. Felipe
8. Tomás
9. Bartolomé
10. Judas Tadeo
11. Simón
12. Judas Iscariote

¿En cuántos acertaste?

¡Compara con tus amigos!

Anima a alguien hoy.
Anota aquí lo que dijiste.

¿CUÁNTAS PÁGINAS LLENASTE? ________

¿CUÁNTAS TE FALTAN TODAVÍA? ________

¿TE ACUERDAS CUANDO ERA SOLO UNA IDEA Y LAS PÁGINAS TODAVÍA ESTABAN VACÍAS? TAL VEZ SEA HORA DE EMPEZAR A PENSAR EN COMPRAR UN NUEVO DIARIO...

Marca todos los lugares que quieres visitar

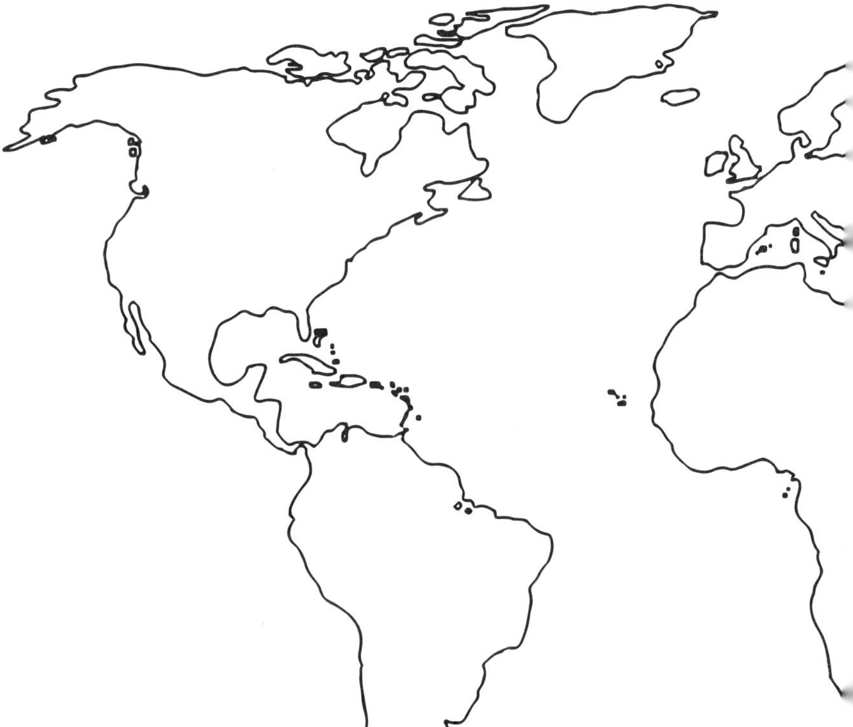

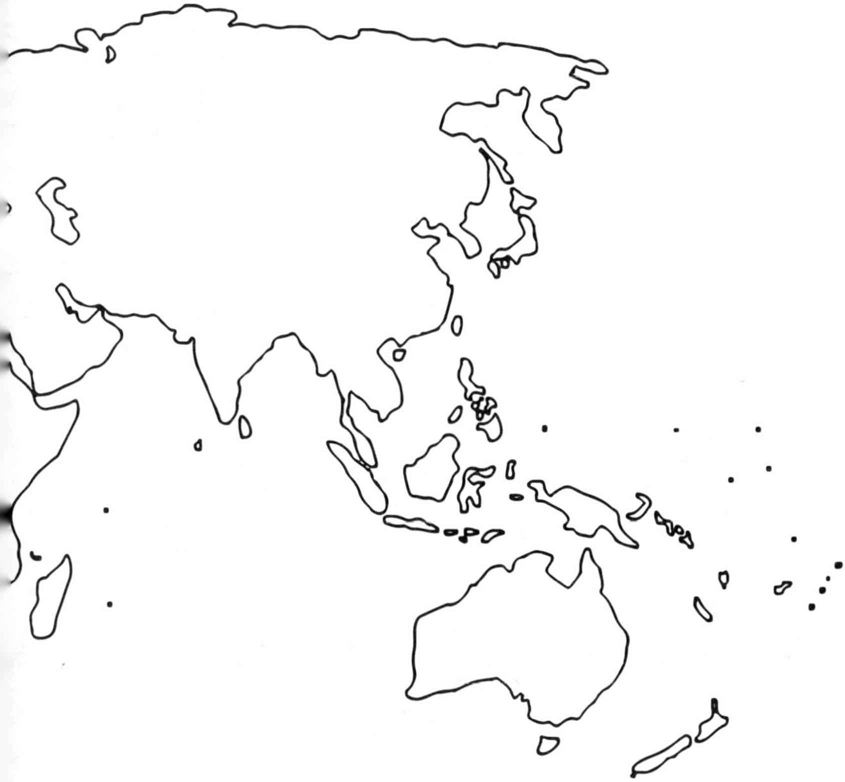

USA UN BOLÍGRAFO ROJO PARA TRAZAR LOS POSIBLES CAMINOS ENTRE ELLOS.

¿YA DISTE LAS GRACIAS HOY?

Sí, claro ☐

Todavía no ☐

Era la próxima cosa que iba a hacer ☐

¡Gracias por recordármelo! ☐

FIN

(¿YA?)

¿YA LLENASTE TODAS LAS PÁGINAS? INTENTA ENCONTRAR UNA QUE NO HAYAS LLENADO Y HAZLO AHORA. CUANDO TERMINES, PUEDES VOLVER E INTENTAR TODO DESDE EL COMIENZO. ¡SEGURAMENTE TENDRÁ UN ORDEN DIFERENTE!